Nueva ve

PASTORES QUE ABUSAN

Dr. Jorge Erdely

Publicado por
Editorial Unilit
Miami, Fl. 33172
Derechos reservados

Primera edición 2002

© 2002 por Jorge Erdely
Todos los derechos reservados.

Ninguna parte de esta publicación podrá ser reproducida, procesada en algún sistema que la pueda reproducir, o transmitida en alguna forma o por algún medio electrónico, mecánico, fotocopia, cinta magnetofónica u otro excepto para breves citas en reseñas, sin el permiso previo de los editores.

Citas bíblicas tomadas de la Santa Biblia, revisión 1960
© Sociedades Bíblicas Unidas.
Usada con permiso.

Producto 497559
ISBN 0-7899-1060-8
Impreso en Colombia
Printed in Colombia

COMENTARIOS SOBRE EL LIBRO

En la actual controversia mundial sobre líderes de diferentes religiones que explotan sexualmente a sus feligreses, este valiente libro del Dr. Erdely centra su análisis en dos puntos cruciales: cuáles son los límites teológicos de la autoridad de un pastor y qué métodos de coerción utilizan contra sus víctimas los ministros que delinquen.

A través de narrativas, etnografías, y estudios de casos, el autor denuncia, en un formato de lectura ágil, una problemática con implicaciones sociológicas, teológicas, y de derechos humanos. En este recorrido nos recuerda que los grupos más vulnerables a ser victimizados siguen siendo las mujeres y los niños.

Recomiendo este libro, tanto a ministros como a laicos, como una aportación seria y práctica para prevenir los abusos de poder en estructuras religiosas autoritarias y patriarcales.

Dra. Lourdes Argüelles. *Visiting Scholar, Claremont School of Theology.* Profesora titular de Educación y Estudios sobre la Mujer. *Claremont Graduate University,* California

"Jorge Erdely es uno de los pocos especialistas en México que, durante años, ha venido escribiendo sobre el tema. Autor de las investigaciones Pastores que Abusan... y Terrorismo Religioso entre otras, ha combinado el aspecto académico con la defensa de los derechos humanos en este terreno. Hace once años fundó el Centro de Investigaciones del ICM, con un grupo de académicos, cuando muy pocos reparaban en los abusos cometidos por ministros..."

Revista Proceso[1]

---

[1] Revista *Proceso*, 21 de abril del 2002. N° 1329, p. 22.

En este libro, rigurosamente documentado, el autor presenta en lenguaje claro y preciso, una realidad que quizás no quisiéramos conocer, pero que es ineludible tanto para los especialistas de la religión como para el público en general. Dentro de los complicados laberintos del comportamiento humano, el drama del abuso de poder adquiere una nueva dimensión cuando es perpetrado por figuras de autoridad que se asumen como depositarios de valores religiosos o son considerados sagrados. Este es, finalmente, un asunto de derechos humanos y por ello requiere del atento escrutinio de toda la sociedad.

Dr. Elio Masferrer. Antropólogo, Presidente de la *Asociación Latinoamericana para el Estudio de las Religiones* (ALER) -International Association For The History of Religión-

"Por lo que se desprende de su lectura, el libro tiene un objetivo muy loable, que es el de prevenir a muchos creyentes de los peligros de un tipo de líder religioso y congregaciones que aniquilan la libertad de conciencia y la capacidad de decisión sobre cuestiones de moral individual y pública".

Profesor Roberto Blancarte en *La Jornada*.[2] Doctor por la *Universidad de París*, Coordinador Académico del Centro de Estudios Sociológicos del Colegio de México.

---

2 *La Jornada*, 30 de enero de 1995, página 5, sección País. Reseña a la primera edición.

Contenido

Comentarios sobre el libro
Introducción
Los abusos pastorales, una realidad que no podemos ignorar . . . 7

Parte I

Las víctimas hablan por sí mismas 15

1. Sacerdotes y abuso infantil:
   Traicionando a los más vulnerables 17
   Las influencias del Señor Obispo

2. Iglesias en la encrucijada: ¿Qué tan grande es el problema? . . . 27
   Catolicismo en crisis: el escándalo mundial por paidofilia
   El caso de las monjas violadas en África
   ¿Y qué de Latinoamérica?
   Los Testigos de Jehová y el caso de Erika Rodríguez
   ¿Quiénes son las víctimas? Mujeres y niños, los grupos más vulnerables
   Adquiriendo discernimiento en una época de crisis

3. Estructuras perversas: El ídolo de la institución 49
   Sacrificando a los niños ante el altar de Moloch

4. Los líderes autoritarios y el dinero 55

5. María Luisa: Crónica de una infamia 67
   Documentos comprometedores
   El encubrimiento del tribunal eclesiástico
   La carta al embajador del Vaticano

6. Corrupción e impunidad: El círculo de la complicidad. 83
   El círculo de la complicidad
   De vuelta al oscurantismo medieval

7. Persecución, difamación e intimidación:
   Un arma clásica para controlar 91
   Actualización del caso

8. Explotando la relación pastoral:
   Cuando los ministros adulteran 101
   ¿Mutuo consentimiento o abuso de poder?

9. Incesto Espiritual: El crimen del reverendo Jackson 113
   ¿Vaticanos evangélicos?
   La intimidación
   Cronología de un incesto espiritual
   Depredadores profesionales
   El Don Juan o el Ministro Romántico

10. Los pastores autoritarios pueden programar a la gente 135
11. Sexo y manipulación sectaria: David Koresh y otros más 147
12. Autoritarismo y totalitarismo: Un signo clásico de las sectas . . 155
13. ¿A quién le puede pasar? 159

Parte II
Cómo reconocer a los pastores abusivos 163
Obsesión por controlar
Jesús no tenía una obsesión por controlar

14. Métodos de manipulación y doctrinas autoritarias 171
Terrorismo religioso
Sembrando el miedo por medio de la duda
Líderes que se niegan a ser cuestionados o corregidos

15. Los límites de la autoridad pastoral 179
Autoridad o autoritarismo: La diferencia
El derecho a cuestionar a nuestros líderes

16. Lo que siempre creyó la iglesia cristiana
    en cuanto a la autoridad 189
¿Hasta dónde debe uno sujetarse a un ministro?
Resistiendo la tiranía religiosa

17. Desenmascarando las doctrinas autoritarias. 195
El mito de que no hay que cuestionar a los ungidos
La interpretación correcta del texto: "No toquéis, dijo, a mis ungidos"
"A un ministro nunca se le debe oponer, aunque esté mal"
Excomunión y expulsión "Dios no puede bendecir a una persona que se
sale de su iglesia"
"Aquellos que deciden dejar su iglesia son culpables de dividir el Cuerpo
de Cristo"
La gran mentira: "No juzgues"

18. Los líderes manipuladores dañan a la gente:
    ¿Qué debemos hacer? 209
Conclusiones ¿Qué debemos hacer?
    Prefacio del autor a la segunda edición 217

Apéndice
Ayuda para víctimas en casos de abusos. 239
Bibliografía selecta 241
Acerca del autor. 247

Introducción
Los abusos pastorales, una realidad que no podemos ignorar

Cuáles son los límites de la autoridad de un pastor.
Cuál es la diferencia entre la lealtad a una institución religiosa y la complicidad.
Hasta dónde debemos sujetarnos a un líder espiritual.
En qué momento debemos abandonar una organización cristiana que se vuelve destructiva.

Este libro está dirigido a los miles de hombres y mujeres latinos que cada año son víctimas de líderes autoritarios y organizaciones religiosas opresivas.

Está dedicado de manera especial, a cientos de personas y familias que he tenido la oportunidad de ayudar a través de los años, a recuperarse de malas experiencias religiosas y de los más increíbles abusos de autoridad. Gente toda ésta, que experimentó, en mayor o menor grado, algún tipo de daño físico, material o espiritual por haber estado bajo el liderazgo de pastores, maestros y guías religiosos que a veces caen más bien en la categoría de "iluminados". Dirigentes que aunque se autodenominaban cristianos, no dudaron en abusar de sus posiciones de autoridad religiosa para aprovecharse de sus ovejas.

Tenemos que estar conscientes que actualmente existen muchas personas que de una u otra manera son objeto de agresiones sexuales, explotación económica, maltratos psicológicos y daño moral por parte de líderes cristianos autoritarios. De individuos que no dudan en utilizar el respeto que sus congregantes les tienen para extraerles dinero, para chantajearlos emocionalmente o en ocasiones para impedirles abandonar sus organizaciones.

Para lograr estos fines, los pseudopastores usan siempre el nombre de Dios, una Biblia en la mano y una frase que parece hechizar a sus oyentes: "Soy tu autoridad y me tienes que obedecer".

La primera parte de este libro trata con las experiencias de gente de carne y hueso que en algún momento de su vida depositó su confianza, a veces ciegamente, en líderes religiosos que exigían obediencia absoluta. Los casos aquí presentados son reales. La información, los testimonios, así como los detalles de cada una de las historias han sido comprobados a fondo. Son una muestra del producto de diez años de estudio e investigación sobre este tema a través de Latinoamérica y las comunidades hispanas de los Estados Unidos. Un equipo de investigadores que incluye médicos, educadores, defensores de derechos humanos, sociólogos, teólogos y líderes cristianos de distintas organizaciones, hemos invertido cientos de horas entrevistando extensamente a una cantidad considerable de personas que han sufrido los efectos de liderazgos cristianos abusivos y autoritarios. El grave daño hecho a muchos de ellos ha tomado meses y a veces años en sanar. Con algunos en particular ha sido necesario pasar largas horas para desprogramarlos. Otros han ido recuperando poco a poco la confianza en el cristianismo: confianza que habían perdido al haber sido testigos y a veces víctimas de conductas criminales o inmorales por parte de sonrientes y talentosos líderes religiosos que decían ser siervos de Dios.

Contamos con entrevistas, grabaciones y testimonios videofilmados de muchas de estas personas que generosamente nos han permitido utilizarlas, en la esperanza de que sirvan para ayudar a otros que están pasando por una situación similar. También tenemos una buena cantidad de fuentes primarias confiables que han sido de gran utilidad para comprobar la veracidad de todas las historias, cruzar información y hacer verificaciones independientes.

En casi todos los casos presentados aquí, se han cambiado los nombres de las personas, y los lugares de los hechos. Esto tiene un doble propósito: primeramente proteger la identidad y la privacidad de las personas que aparecen en el libro. En segundo lugar, estoy seguro que las historias aquí presentadas no son sólo las de ellos. Son las de muchísimas personas que están viviendo lo mismo y que quizás no se atreven a hablar por miedo. Seguramente una buena cantidad de lectores se identificarán con ellas después de leerlas, y hallarán respuestas, aliento y una nueva dirección para sus vidas. Aunque el enfoque principal de este libro esta esencialmente en los *pastores que abusan* como individuos, ha sido imprescindible tratar en alguna medida con las organizaciones y estructuras eclesiásticas en que éstos operan. Además de la dimensión descriptiva de las mismas, la cual es por necesidad breve, en esta primera parte del libro presento algunos análisis sintéticos para ayudar a entender mejor la actual crisis de ministros paidófilos, en particular sacerdotes, que ha tenido repercusiones mundiales.

En la segunda parte del libro hago un sencillo análisis de la conducta y estrategias que los líderes autoritarios utilizan para controlar las conciencias de las personas y de cómo logran manipularlas. En esa sección veremos que los pastores y grupos cristianos abusivos tienen doctrinas similares, utilizan casi los mismos métodos y engañan a la gente de la misma manera, casi sin que se den cuenta. En particular, notaremos lo difícil que puede resultar salir de su esfera de influencia y de su sistema de control. Allí haremos un enfoque especial en las doctrinas del autoritarismo, que constituyen una perversión de las enseñanzas cristianas del respeto y la obediencia a las autoridades espirituales. Este punto en específico es muy importante, porque es precisamente el arma favorita de los líderes sectarios para controlar y lograr que la gente se someta incondicionalmente a sus arbitrariedades. Para concluir, examinaremos la enseñanza bíblica correcta sobre la autoridad espiritual, lo que creyeron las iglesias cristianas en la historia, y quedarán correctamente establecidos *los límites* de la autoridad pastoral según las enseñanzas cristianas. En otras palabras, nos quedará claro hasta donde debemos obedecer a un ministro y cuándo debemos salirnos de su esfera de autoridad e influencia.

Conociendo por experiencia la forma de actuar de los líderes religiosos autoritarios, puedo anticipar que algunos de ellos harán todo lo que puedan por evitar que sus ovejas lean la información que se presenta aquí. Los que no lo prohíban por decreto e imposición, seguramente dirán a sus seguidores que el libro los puede *confundir*, aun cuando está sumamente *claro* . Les advertirán alarmados que leer su contenido *les puede hacer daño* aun cuando las verdades que presenta han *ayudado* a miles de personas. Denunciarán que el libro *no es bíblico* aun cuando está perfectamente respaldado en las Escrituras. Organizarán pequeños boicots para tratar de presionar a algunas librerías, censurando la libertad de expresión, intentando que no vendan el libro. Habrá también quienes asegurarán que los casos aquí presentados no son nada comunes, sino sólo exageraciones, *casualidades aisladas* de gente resentida que habla *por amargura*. Todo esto a pesar de que las estadísticas, la experiencia, y muchos estudios serios, demuestran que los abusos religiosos son bastante comunes y no inventos de gente malintencionada. En fin, algunos líderes religiosos dirán y harán muchas cosas excepto una: impugnar con bases la veracidad de los estudios de caso que presento o refutar el libro por escrito, especialmente en su parte teológica.

Aun sabiendo las controversias que despertará la publicación de este libro, considero un deber cristiano y humano escribir sobre esta dolorosa e insoslayable realidad que nos atañe de manera especial a los latinos.

Asumo también que más allá de líderes religiosos en lo particular, este libro va a molestar a algunas organizaciones que no estarán de acuerdo en que se trate este asunto abiertamente. Es de esperarse que aquellos cuyos errores y prácticas dañinas se exponen en este estudio reaccionen así. Lamentablemente hay una tendencia alarmante en el cristianismo contemporáneo a ocultar y a minimizar las cosas que están mal. Se piensa que el exponer las maldades y errores del ministerio dañará irreparablemente la reputación del cristianismo. Yo opino diferente. Pienso que es necesario y urgente sacar a la luz aquello que está oculto, para que las cosas se reformen a fondo y de raíz. El hacer esto no va a destruir la reputación del cristianismo. Por el contrario. Comenzará a limpiar el testimonio cristiano que está siendo ensuciado por seudo-líderes que se esconden detrás del autoritarismo para cometer las acciones más viles.

Creo sinceramente que es necesario denunciar públicamente las doctrinas torcidas y perversas del autoritarismo religioso que exigen a la gente que obedezca ciegamente a un hombre sólo porque tiene un cargo de líder religioso. Estas enseñanzas destruyen la dignidad y la libertad del ser humano y lo convierten en un títere o en un robot. Pregúnteselo usted a Joanna, una joven universitaria, que como veremos, fue golpeada y manipulada por un líder que se decía ser "ungido de Dios". Pregúnteselo a la familia López, que sufrió cuatro años de explotación económica y fraudes en una congregación en donde una de sus doctrinas favoritas era "al pastor hay que obedecerle en todo". Preguntémosle a María Luisa Montoya y a los niños de una escuela-orfanato del bajío. La primera, una viuda despojada de medio millón de dólares por su sacerdote de cabecera. Los menores, abusados sexualmente por un cura encubierto por sus superiores. Preguntémosle también a los familiares de las víctimas de la secta de David Koresh en Waco, Texas, donde una de las enseñanzas era: "No debes de juzgar a un líder por su conducta". Preguntémosle a los cientos y cientos que hoy viven confundidos y decepcionados del cristianismo por las escandalosas inmoralidades que han visto, y a los muchos que están callados y atemorizados de salirse de alguna secta autoritaria porque creen que pecarán contra Dios. Finalmente, preguntémosle a Cristo, cuya autoridad es usurpada y echada a un lado por líderes que piden que se les obedezca a ellos en lugar de a Sus enseñanzas y ejemplo.

Aunque lo expuesto en este libro es una realidad trágica y que a veces asusta, su objetivo no es en ningún momento desanimar a nadie en su búsqueda espiritual. Mi intención es sólo *advertir* acerca del peligro de caer en manos de un liderazgo corrupto.

> El hecho de que existan pastores abusivos no implica de ninguna manera que *todo* el cristianismo esté en crisis ni que no existan genuinos líderes que pueden ser ejemplo y ayuda para nuestras vidas. Al contrario. Todos sabemos que así como hay buenos médicos, también los hay malos. Así como hay profesionales serios, también existen los charlatanes. Lo mismo sucede con los ministros. Lo importante es aprender a diferenciarlos.

Parte I

Las víctimas hablan por sí mismas

Las víctimas hablan por sí mismas

Obedece a tu pastor en todo lo que te diga, aunque esté mal.
No cuestiones al ungido del Señor.
Si ves algo mal en el ministro, no digas nada, sólo ora.
Tú no eres nadie para juzgar a un siervo de Dios. Si no haces lo que te digo estás en rebeldía.
No vayas a denunciar al sacerdote o te van a excomulgar.
Déjalo en las manos de Dios.

Seguramente, todos los que estamos relacionados con el cristianismo hemos escuchado frases como éstas en alguna ocasión. En especial si acostumbramos asistir regularmente a una congregación cristiana. A continuación leeremos las historias reales de hombres, mujeres y familias que oyeron y obedecieron frases como éstas de labios de líderes espirituales aparentemente bien intencionados. Veremos lo que sucedió en sus vidas como consecuencia de haber creído ciegamente estas enseñanzas y por no haber entendido cuál es el límite que marcan los evangelios para seguir a un ministro religioso.

Los casos aquí descritos han sido seleccionados entre muchos y se escogieron precisamente por ser representativos de lo que cientos de personas viven cada año en el mundo latino. Son experiencias que en su momento vivieron matrimonios, familias, jóvenes, viudas y congregaciones enteras, en distintas organizaciones consideradas o llamadas cristianas.[1]

---

[1] En la mayoría de los casos narrados a continuación, tanto los nombres como los lugares han sido cambiados para proteger la identidad de las personas involucradas. En un esfuerzo por hacer este libro relevante a los lectores latinos de distintos países, se han modificado varias localidades de la primera edición.

I

SACERDOTES Y ABUSO INFANTIL: TRAICIONANDO A LOS MÁS VULNERABLES

El teléfono sonó:

—*¿Hablo al Departamento de Investigaciones Sobre Abusos Religiosos?*

—*Sí, ¿en qué le puedo servir?* —respondió Eugenia.

La voz del otro lado de la línea continuó, cauta y un poco temblorosa.

—*Quiero denunciar un caso muy delicado… El encargado de los dormitorios, el sacerdote, ha estado abusando sexualmente de varios internos… ya avisé a los superiores, pero sigue en su puesto.*

Eugenia era en ese momento la voluntaria que cubría la línea telefónica de atención al público de la única organización de derechos humanos en México dedicada a dar asesoría legal gratuita a víctimas de abuso por parte de ministros o agrupaciones religiosas de cualquier creencia.

—*¿Me puede dar algunos detalles?* —volvió a preguntar Eugenia, quien durante la próxima media hora guió al denunciante a través de un detallado cuestionario.

El hielo se fue rompiendo.

Eugenia intuía un caso genuino. A cientos de kilómetros de allí, Alejandro García Castro, católico y psicólogo de la prestigiada escuela-orfanato "Ciudad del niño Don Bosco" en León, Guanajuato, comenzaba a sentir cierto alivio después de meses de luchas internas.

UN DILEMA ÉTICO

Como católico, estaba reticente a comentar la situación con gente ajena a su institución y a la jerarquía de su iglesia; como profesional, sabía que su obligación era proteger la integridad emocional de los niños de la escuela. En los últimos meses había atendido a cinco menores agredidos sexualmente por el padre Manzo en los dormitorios. Entonces aún pensaba que las autoridades de la escuela solucionarían el problema de inmediato.

La Ciudad del Niño Don Bosco, después de todo, no era cualquier colegio. Además de primaria y secundaria con internado, la organización, administrada por la orden de los salesianos, contaba con un albergue para niños huérfanos. En total, en 1994 atendía a más de cien niños proveyendo educación, comida e instrucción católica.

Alejandro García siguió todos los procedimientos institucionales. Informó al padre Juan Manuel Gutiérrez, director de la organización y confrontó con las evidencias a Juan Manzo, pidiéndole que renunciara a su puesto "para que se atendiera psicológicamente". Pensativo, éste reconoció los abusos. Sin embargo, al paso de las semanas seguía inexplicablemente como encargado de los dormitorios.

Cuando Carlos, la sexta víctima, llegó a verlo, Alejandro no aguantó más y tomó el teléfono.

Eugenia concluyó la llamada, no sin antes apuntar los datos del psicólogo para concertar una cita personal. Pocos días después Alejandro se reunió en persona con Rafael, otro voluntario del Departamento de Investigaciones sobre Abusos Religiosos (DIAR).

Para el psicólogo, habían aun muchas preguntas en el aire. ¿Se atrevería a denunciar penalmente al sacerdote para evitar que siguieran los abusos? ¿Quién sería la próxima víctima? ¿Por qué seguían manteniendo como encargado de los dormitorios a un abusador sexual confeso? ¿Qué pasaría con el prestigio de la institución que a tantos niños había brindado asistencia y educación durante décadas? ¿No haría más mal que bien denunciar? En su cabeza se arremolinaban un torbellino de dudas y pensamientos.

ENCUBIERTO POR SUS AUTORIDADES

En la primera cita se le veía demacrado. *"He bajado diez kilos en los últimos seis meses. Este dilema me ha traído muchísima tensión. Cuando pasó lo de Carlos volví a decirle al padre Manzo que se retirara para que no hiciera más daño, que necesitaba tratamiento. Desde entonces ha andado haciendo ayunos y se encierra en su cuarto a rezar. Todo el día se le ve triste y a mí ahora me están criticando los sacerdotes y el personal administrativo. Dicen que Juan Manzo está triste por mi culpa, que lo presiono demasiado.*

"Ya incluso denuncié lo que pasa ante el Provincial de los salesianos en Guadalajara y no hacen nada", concluyó el psicólogo.

Cierto, el padre Pascual Chávez había recibido la denuncia por escrito antes del ataque sexual a Carlos, uno de los internos, estudiante de la secundaria. Pero a Carlos no le agradó que Juan Manzo lo intentara desnudar cuando dormía y le manoseara los genitales, siempre al cobijo de la noche, y resistía, tenaz, sus avances. Pronto empezaron las represalias.

—¿Qué más te hacía?

—*Desde entonces me comenzó a insultar y a lanzar maldiciones enfrente de todos. Un día hasta me quiso patear* —explicaba Carlos con la mirada clavada en el piso en su casa en Ecatepec, estado de México—. *Me empezó a tratar muy mal.*

Por resistirse a los abusos sexuales y a las humillaciones, finalmente fue expulsado un 10 de mayo. El día de las madres.

Al igual que el psicólogo de la Ciudad del Niño Don Bosco, la mamá de Carlos había ya comenzado a notar en su hijo los efectos de los repetidos abusos del sacerdote: tristeza, cambios de conducta inexplicables, sentimientos de ira, vergüenza, culpa y mucha confusión. Cuando uno de los abogados del DIAR la contactó a través del psicólogo y supo lo que le había sucedido a su hijo, la señora Delfina se indignó y estuvo dispuesta a denunciar penalmente a Juan Manzo. Por su parte, el DIAR entrevistó a la víctima y videograbó su testimonio, buscando evitar que el menor compareciera ante el Ministerio Público y así evitarle un trauma mayor. La ley, sin embargo, requería que el menor de trece años se presentara a testificar.

A los pocos días, un hecho insólito tuvo lugar. Tres católicos valientes decidieron romper la cultura de la impunidad y el temor supersticioso y se presentaron a denunciar penalmente al cura ante las autoridades de la ciudad de León, una de las más tradicionalistas del país.

Con paso firme, se dirigieron al Ministerio Público de la agencia No. 15 de Delitos Sexuales, y declararon.

La noticia tomó por sorpresa a casi todos los medios de comunicación locales, los cuales se dedicaron mayormente a difundir las excusas y versiones del director de la Ciudad del Niño Don Bosco, quien se encontraba molesto, pues el periódico *El Sol de León* había publicado un amplio reportaje de denuncia en su sección policiaca, gracias a la labor de José Luis Oviedo, un experimentado reportero local.

¿DEBILIDADES HUMANAS O PASIONES INFERNALES?

Apresurado, el padre Juan Manuel Gutiérrez había convocado a una conferencia de prensa. En ella fustigó a ciertos medios de comunicación "por amarillistas y exagerados", dijo que metía "las manos al fuego por el padre Juan Manzo" y que éste *permanecería como encargado de los dormitorios*. Después exaltó la labor altruista que durante años había hecho la institución a su cargo.

El caso era inaudito, pues el padre Gutiérrez había sido llamado a declarar por el Ministerio Público, ante el cual reconoció que estaba enterado de los ataques sexuales contra los menores y que aun así dejó a Juan Manzo como encargado. En el expediente penal se registra su testimonio. Los califica simplemente como una "debilidad humana".

—¿*Qué piensas de lo que dijo el padre Gutiérrez en la conferencia de prensa?*

El ingeniero Joaquín Guzmán, un voluntario del DIAR contestó indignado al abogado.

—*¿Qué? ¿Eso de que no se debe cuestionar la labor de la institución porque hace mucha labor social? Si a cambio de darles comida los van a estar violando, mejor sería para los niños huérfanos quedarse en la calle. Además, Carlos (el denunciante) fue como interno a la secundaria a recibir una educación y supuestamente valores. ¡Y encima van a dejar al sacerdote como encargado de los dormitorios!*

El ingeniero tomó un interés especial en el caso y decidió ir a ver al subprocurador de Justicia del Estado para pedirle que agilizara la acción penal.

LAS INFLUENCIAS DEL SEÑOR OBISPO

Las cosas se pusieron al rojo vivo. El menor agredido y su madre habían ya levantado la denuncia y ratificado formalmente su declaración. El psicólogo mismo de la institución denunciaba los hechos y además proveía los nombres de cinco niños más que habían sido abusados. A su vez, el padre Gutiérrez aceptaba tener conocimiento de los hechos de Juan Manzo. ¡Y el Ministerio Público ni siquiera se había atrevido a citar aún a declarar al sacerdote!

"*El obispo de León*[1] *ha tomado mucho interés en este asunto y está usando sus influencias políticas para que el caso ya se cierre*",

---

1 Ya fallecido.

explicaba alguien cercano al gobierno. Mientras tanto, la madre de Carlos comenzó a recibir todo tipo de presiones para que retirara la demanda. *"Dicen que no me entregarán los papeles escolares de mi hijo"*, comentaba angustiada con el abogado. Después vinieron las amenazas religiosas. "¿Sabes que por denunciar a tu iglesia puedes ser excomulgada", le advertía un sacerdote con tono autoritario a sabiendas que no era cierto.

Al ver la situación, el DIAR tuvo una reunión de urgencia. Los medios de comunicación locales, a excepción del periódico antes mencionado, se abstenían de tocar el tema o se mostraban favorables al sacerdote. El obispo, influyente y temido personaje en la política del estado, presionaba al Ministerio Público y a otros funcionarios del gobierno para que el caso no avanzara, por lo que éste se encontraba "congelado". La madre y el menor denunciante estaban siendo objeto de chantajes religiosos para desdecirse o no continuar la querella. El caso podía colapsarse en cualquier momento.

Lo peor de todo era que el padre Juan Manzo seguía de encargado de los dormitorios con 120 niños bajo su "supervisión" nocturna.

—*Estos temas son tabú en esa parte del país y el sacerdote tiene impunidad política. No creo que avance el caso* —comentó escéptico un asesor durante la junta.

—*No lo van a detener. Si se tratara de otra persona, con menos elementos que ésos el Ministerio Público hubiera ya solicitado una orden de aprehensión* —respondió el abogado que llevaba el caso—. *¡Ni siquiera lo ha mandado citar para declarar!*

—*Cambiemos de meta. Si no va a proceder jurídicamente, lo mínimo que podemos es tratar de que Juan Manzo no siga como encargado de los dormitorios. Va a seguir abusando sexualmente de los niños.*

—*Es increíble, es una burla para la sociedad y para esa familia que se atrevió a denunciar el caso.*

—*Seamos realistas; el caso es tabú. Ya ves que aun el Provincial de los salesianos fue enterado por el psicólogo y nada hace al respecto.*
—*¿Qué hacemos?*
—*Vamos a la Secretaría de Gobernación. La Dirección de Asuntos Religiosos tiene competencia en esto.*

En efecto, la Ley de Asociaciones Religiosas y Culto Público de México, promulgada en 1992, establece que una orden u organización religiosa puede ser objeto de una sanción federal en casos donde existe encubrimiento organizado.

Unas semanas después, un reportero de la ciudad de México retomó la noticia del periódico *El Sol de León* y contactó al autor de este libro. Quería un reportaje para el programa *Monitor de la Mañana* de Radio Red. Solicitaba una opinión especializada sobre el asunto del sacerdote Juan Manzo que se trasmitiría en el noticiero radiofónico más escuchado de todo el país. Yo estaba enterado del caso y habiendo estudiado el expediente accedí a una entrevista telefónica. Unos días después, se transmitió un reportaje de varios minutos, serio y sin censura. José Gutiérrez Vivó, a la sazón el periodista de radio más creíble, hizo, indignado, comentarios sobre la impunidad del sacerdote.

La noticia despertó interés en los radioescuchas, generando un torrente de llamadas. En 1994 era inusual una noticia de esa naturaleza en un medio del alcance de Radio Red. A petición del público, se repitió el reportaje en el programa *Monitor de Medio Día*, que también tiene una audiencia muy amplia a nivel nacional.

Otros medios de comunicación tomarían interés en el caso de Juan Manzo. Roberto Rock ahora director del periódico más leído del país, *El Universal*, mencionó el caso en la influyente columna política que escribía en aquel entonces. Una reportera del prestigiado diario *Reforma*, periódico nuevo en ese entonces, leía incrédula las justificaciones del superior del sacerdote sobre los abusos a los menores y exclamaba: *"¿Qué? ¿Cómo que fue un error humano?"*

La difusión del caso en los medios nacionales creó presión sobre el director Juan Manuel Gutiérrez y la iglesia católica de Guanajuato. Finalmente vino el anuncio: el padre Manzo sería removido de su puesto como encargado de los dormitorios de Ciudad del Niño Don Bosco.

Días después, José Luis Oviedo, el reportero de *El Sol de León*, le preguntaba irónico al director, luego de una conferencia de prensa:

—*¿No que metías las manos al fuego por Juan Manzo? Ya se te quemaron.*

—*Con un poco de pomada se quita* —le respondió juguetón el padre sin darle mayor importancia, y siguió su camino.

El padre Manzo había sido removido. Los niños podían ahora —quizás— dormir tranquilos. El DIAR, gracias a una inesperada intervención de los medios de comunicación nacionales había logrado su objetivo.

—*Tenemos que seguir el proceso penal, va a ser muy mal antecedente jurídico si no procede el caso* —repetía insistentemente el licenciado Mendoza.

—*Es muy difícil para un menor presentar una denuncia de este tipo y también para la mamá que es católica* —secundó el ingeniero—. *¿Qué impresión le va a quedar del sistema de justicia?*

—*La verdad ya se logró mucho* —opinó otro voluntario—. *Al menos los niños están a salvo.*

—*Los de allí quizás sí, ¿pero dónde estará ahorita Manzo?* —replicó el abogado—. *¿A dónde lo habrán mandado? Además no se ha denunciado el encubrimiento de sus superiores y eso es delito. Yo sigo con el caso.*

No se equivocaba. De acuerdo a una investigación posterior, el padre Manzo no fue cesado de sus funciones, sino *trasladado* a una iglesia en África. Sin embargo, antes tuvo que comparecer ante el Ministerio Público, ahora sí, para declarar.

Más sorpresas estaban esperando.

El 22 de agosto de 1994, Juan Manzo negó ante las autoridades judiciales haber abusado de Carlos y dijo que del que sí había abusado era de Alberto, a quien le manoseó, desnudo, los genitales. En palabras del propio sacerdote, consignadas en el expediente 203/94 de la Agencia No.15 del Ministerio Publico de la ciudad de León, *"al quedar desnudo no sé qué me pasó, pero empecé a tocarle sus partes íntimas".*

Todos los elementos constitutivos del delito estaban allí. Pero el Ministerio Público se negaba a pedir la orden para que arrestaran al cura y compareciese ante el juez.

—*Voy a volver a ir a hablar con el subprocurador de Justicia. Esto no tiene nombre*— Exclamó el ingeniero al enterarse que el cura aun no estaba tras las rejas.

Al día siguiente él y dos abogados del DIAR hicieron un viaje relámpago de la ciudad de México a León.

Cuenta. —"El subprocurador nos recibió amable después de un rato de espera, revisó el expediente, inquirió sobre el caso por teléfono y después lo escuchamos discutir con una subalterna, era la jefe de los Ministerios Públicos. Se notaba que había resistencia en ella. Al final, el subprocurador le dio la orden y le dijo que consignara el caso al juez" Cumplió su palabra pero el juez se negó a emitir la orden de aprehensión.

El padre Manzo es el prototipo de los ministros que abusan gracias a la protección y encubrimiento que les brindan sus superiores. Manzo jamás pisó la cárcel y en abril de 2002 seguía como sacerdote, ahora en la ciudad de Tijuana. ¿Su labor? "atender" a niños pobres, como parte de un proyecto de ayuda social de la orden de los salesianos. Los menores, algunos estudiantes, otros huérfanos de Ciudad del Niño Don Bosco no fueron sus primeras víctimas. Hoy se sabe que antes de ser encargado de los dormitorios del colegio en León, el sacerdote oficiaba en la ciudad de Monterrey, donde tenía a su cuidado niños y organizaba equipos de futbol. Por su parte, el provincial de los salesianos que encubrió el caso, el padre Pascual Chávez, fue eventualmente promovido. Hoy, es nada menos que Rector Mayor de los Salesianos en Roma.

El equipo jurídico del DIAR, finalmente decidió denunciar el caso ante el gobierno federal a finales de 1994. Sus miembros obtuvieron una cita con el entonces director de Asuntos Religiosos de Gobernación y presentaron una demanda por escrito. Después de una plática breve y amable, el funcionario se limitó a enviar copia de la denuncia al padre Szymansky, entonces obispo de San Luis Potosí quien tenía cierta jurisdicción eclesiástica sobre el colegio Ciudad del Niño Don Bosco.

El obispo nunca respondió por escrito y Gobernación se desentendió del caso. A las pocas semanas una mujer llamó al DIAR para interponer una queja contra un sacerdote de la ciudad de México. Se escuchaba desesperada.

—*¿Cómo supo de nuestra asociación?* —le preguntó el licenciado Becerril.

—*Tengo un año acudiendo a Gobernación porque sufrí un caso gravísimo de abuso por parte de un cura y no han querido hacer nada. Allí me dieron el teléfono de ustedes, y me dijeron que aquí podrían ayudarme.*

Eugenia tomó de inmediato la pluma y comenzó a apuntar sus datos. Días después, en una céntrica cafetería de la ciudad de México, ella y una elegante y nerviosa dama platicaban de mujer a mujer.

2

IGLESIAS EN LA ENCRUCIJADA: ¿QUÉ TAN GRANDE ES EL PROBLEMA?

Algunas estadísticas comparativas nos pueden ayudar a tener una panorámica global de la magnitud del problema de los abusos pastorales, aunque sea sólo en su dimensión sexual, una de las más frecuentes. En su tesis doctoral realizada en Fuller Theological Seminar, Richard Blackman[1] estudió a 302 ministros metodistas, 404 pentecostales, 300 pastores presbiterianos y 190 clérigos episcopales en los Estados Unidos. Los resultados fueron sorprendentes: el 38.6 % del total admitió haber tenido "algún tipo de contacto" sexual con uno o más miembros de su iglesia. El grueso de la muestra de ministros se componía de hombres y la gran mayoría de contactos sexuales ocurrieron con mujeres.

Del número total, el 12.7% de los pastores estudiados admitió *haber consumado* relaciones sexuales con alguna feligrés. Hagamos una pausa y volvamos a considerar con calma esa cifra: 38.6%. Comparémosla ahora con el 12% que arrojó una investigación publicada en 1995 sobre ética entre los médicos, una profesión secular.[2] En efecto, en la investigación de Gatrell sólo un 12% de los médicos estudiados había tenido "algún tipo de contacto sexual" con pacientes. La diferencia entre el 38.6 de los ministros evangélicos y protestantes, y el 12% de los médicos, es de 26.6% . Más del triple de incidencia.

---

1   R.A. Blackman, *The Hazzards of The Ministry*. Disertación Doctoral sin publicar. Fuller Theological Seminary, Pasadena, California. 1984.
2   Nanette K. Gatrell, et. al., *Physician-Patient Sexual Conduct: Prevalence and Problems* En J.C. Gonsiorek, (Ed). "*Breach of Trust: Sexual Exploitation by Health Care Professional and Clergy*", Thousands OAKS, CA: Sage Publications, 1995; pp. 18-28.

La revista *Psychology Today* confirmó en 1993 una cifra similar a la de los médicos cuando publicó una investigación sobre el comportamiento de trabajadores sociales, psicólogos, psiquiatras, y psicoterapeutas. La incidencia de conducta sexual inapropiada (no necesariamente coito) resultó ser de entre 7 y 13%.[3] En 1992, una investigación canadiense sobre la ética de médicos familiares, ginecólogos y doctores de otras especialidades reveló un porcentaje menor al del estudio de 1995 de N.K. Gatrell. La cifra fue de 9% y sin embargo fue considerada escandalosamente alta por las autoridades y la sociedad.[4] El *shock* que provocó la publicación de esos resultados, hizo que se tomaran serias medidas para reducir el índice de profesionales de la salud que se involucraban sexualmente con sus pacientes.

ESTADÍSTICAS PREOCUPANTES

Es crucial contrastar estas estadísticas y volver a remarcar que la cantidad de abusos a pacientes por parte de profesionales de la salud en los Estados Unidos es más baja que en importantes denominaciones evangélicas y protestantes y, como se verá más adelante, que en la iglesia católica. Las implicaciones prácticas para los creyentes son claras: corren más riesgo de ser explotados sexualmente por un pastor o un sacerdote, que si acudieran a consultar a su médico o a un psicoterapeuta.

En otra investigación publicada en el *Journal of Pastoral Care* se encontró que por lo menos el 14.1% de los pastores de la Convención Bautista del Sur, una de las denominaciones evangélicas más numerosas y conservadoras de los Estados Unidos, ha tenido contactos sexuales inapropiados. Entre ellos, el 70.4% tiene conocimiento de otros ministros dentro de la misma denominación que han tenido este tipo de deslices con

---

[3] Gail Sherman, "Behind Closed Doors: Therapist-Client Sex". *Psychology Today*, May 1993, pp. 64-81.
[4] Ibid., p.65.

miembros (en general del sexo femenino), de su iglesia. Por el lado de la feligresía, al 24.2% de los pastores bautistas del Sur le ha tocado atender a alguna mujer que se ha involucrado en relaciones sexuales con algún ministro de la misma denominación.[5]

Otra encuesta aplicada a ministros de los Estados Unidos, realizada por la conocida revista *Christianity Today*, concluyó que el 12% de los pastores evangélicos protestantes ha tenido relaciones sexuales fuera del matrimonio durante su ministerio.[6] De ellos el 17% incurrió al mismo tiempo en comportamientos ilícitos al realizarlas con mujeres que se encontraban recibiendo consejería terapéutica directamente bajo su cuidado pastoral (equivalente en cierta forma a una relación médico-paciente). Esto añade un componente de explotación y abuso de poder al ignominioso problema.

Por otra parte la Iglesia Metodista Unida, en un reporte interno publicado en 1990, sacó a la luz que el 77% de las mujeres ministros en esa denominación reportaron haber sido objeto de hostigamiento sexual en su ámbito de trabajo; lo mismo que el 37% de las empleadas administrativas y el 48% de las mujeres estudiantes de sus seminarios.[7] En el caso de la Iglesia Unida de Cristo la cifra de hostigamiento sexual fue prácticamente la misma.[8]

Las estadísticas anteriores son más significativas si se considera que las denominaciones representadas en los estudios se encuentran entre las más numerosas e influyentes en todo el mundo y varias se distinguen por predicar una moral estricta y conservadora. La estadística comparativa le da una dimensión

---

[5] Jeff T. Seat, et. al., "The Prevalence and Contributing Factors of Sexual Misconduct Among Southern Baptist Pastors in Six Southern Estates", *The Journal of Pastoral Care*. 47-4. Winter 1993; pp. 363-370.
[6] Para un análisis de éste estudio véase: *Leadership* 9 (Winter 1988), pp. 12-13. "How common is Pastoral Indiscretion?"
[7] "Sexual Harassment in the United Methodist Church", *Office of Research of the General Council of Ministers*. The United Methodist Church, 1990.
[8] United Church of Christ Coordinating Center for Women Study, 1986.

particular al problema cuando se tiene en cuenta que en el caso de la profesión médica, la incidencia de casos de abusos es menor en una proporción de uno a tres. Por otra parte, es interesante notar que el porcentaje de ministros del sexo femenino que son objeto de hostigamiento sexual en la denominación metodista son superiores a los que se reportan en religiones como el judaísmo.[9]

CATOLICISMO EN CRISIS: EL ESCÁNDALO MUNDIAL POR PAIDOFILIA

Desde hace más de una década ha sido notorio que el clero de la iglesia católica atraviesa por una crisis gravísima de ética ministerial. Así lo evidenciaron en 1993, las declaraciones públicas del papa Juan Pablo II que expresaban preocupación por la cantidad de sacerdotes católicos en los Estados Unidos acusados de abusar sexualmente de menores. Dichas declaraciones ocurrieron poco después de que Jason Berry, un connotado periodista católico, diera a conocer a la opinión pública nacional casos como el del padre Gauthe y otros sacerdotes paidófilos en el estado de Louisiana. Tanto los artículos periodísticos y eventualmente el clásico libro de Berry,[10] cimbraron a propios y extraños. El problema, evidentemente, era real y muy grave. Pero prevaleció la retórica y no se solucionó. Para 1997, uno de los casos de pederastia más publicitados por los medios de comunicación terminó con una histórica condena judicial contra la diócesis de Dallas, Texas. Fue sentenciada a pagar una indemnización de cerca de 120 millones de dólares a varias víctimas de abuso sexual por su papel culposo en el encubrimiento activo del sacerdote Rudolph Koss, quien perpetró violaciones

---

9 "*Findings of The Confidential Survey of Female Rabbis About Sexual Discrimination and Harassment*", Commission for Women's Equality. New York: American Jewish Congress, 1993.

10 J. Berry, *Lead Us not Into Temptation*, New York: Doubleday, 1994.

en serie a menores durante un período de varios años con conocimiento de sus superiores.[11] Una de las víctimas, un joven que había servido en el altar de su parroquia como monaguillo, terminó suicidándose como consecuencia de los abusos.

Actualmente, el investigador católico Richard Sipe estima que alrededor de 6% de los más de 46,000 sacerdotes católicos en los Estados Unidos, han cometido actos de abuso sexual contra niños. Eso arroja una cifra de cerca de 3,000 clérigos involucrados en paidofilia. Dicha cantidad no incluye a diáconos, personal administrativo y laicos en posiciones de liderazgo que han cometido abusos similares, solo a curas. Por su parte, la abogada tejana Sylvia Demareset estima que actualmente hay más de 1,500 sacerdotes formalmente acusados ante la justicia estadounidense de crímenes sexuales contra menores de edad. Sólo en el estado de Kentucky existían, hasta el 8 de junio del 2002, ciento veintidós nuevas demandas contra sacerdotes pederastas y parroquias responsables de encubrirlos.

Estas cifras, sin embargo, se enfocan casi exclusivamente en paidofilia *homosexual*. El abuso a niñas y mujeres adolescentes no está incluido, ni tampoco el uso del secreto de confesión para seducir a mujeres adultas, casadas o solteras.

Volviendo a Richard Sipe sin embargo, pensar en un seis porciento de sacerdotes que han cometido delitos sexuales *exclusivamente* contra infantes es realmente alarmante. Un reciente estudio del prestigiado diario estadounidense *The Washington Post*, así como información de varias investigaciones

---

11 *Associated Press*, "Pagará la Diócesis Tejana 120 mdd por Ultraje: Un Sacerdote Abusó Sexualmente de Varios Monaguillos". En el Periódico *El Occidental*, Guadalajara, Jalisco. 25 de julio 1997.
"Pecados de Confesionario: La Iglesia Católica Pagará en Estados Unidos 118 Millones de Dólares por Abuso Sexual. Una de las Víctimas se Suicidó en 1992", Periódico *Siglo 21*, Guadalajara, Jalisco. 27 de julio 1997. Juan Cavestany, "La Iglesia Pagará en EE UU 18.000 Millones por un Caso de Abuso Sexual: Una de las Víctimas, Antiguo Monaguillo, se suicidó en 1992", Periódico *Reforma*, México D.F.: 26 de julio 1997.

legales en proceso, indican que muchos obispos de la iglesia católica han seguido por décadas y décadas la misma estrategia para cuidar la imagen de su institución: cambiar de parroquia en parroquia a sacerdotes acusados de violar y seducir niños. Esto ha resultado en un diluvio de demandas penales y civiles, arreglos privados para compensar a víctimas por daños psicológicos, o comprar el silencio de familias enteras. También ha costado a la fecha a la iglesia católica, según estimados conservadores, más de mil millones de dólares, dinero en gran parte, proveniente de las limosnas de sus feligreses. Tan solo el tema del *origen* de los fondos ha abierto todo un debate acerca de la legitimidad del uso de ese dinero, para tales fines. En un solo caso, el arzobispo de Milwakee, Rembert G. Weakland, pagó en secreto casi medio millón de dólares de las arcas de su parroquia para silenciar a un antiguo amante quien afirmó haber sido violado por él luego de haber estado bebiendo juntos en un bar. Jamás se notificó a los fieles del destino del dinero y mucho menos se les pidió autorización para usarlo.

Además del reciclamiento de clérigos paidófilos, algunos dentro, otros fuera de los Estados Unidos, hasta fines de diciembre del año pasado la iglesia católica de los Estados Unidos había removido de su cargo al menos 365 sacerdotes acusados de abuso a menores. La mayoría, sin embargo, mantuvieron su estatus oficial de sacerdotes. De enero a junio de 2002 —en medio del escándalo actual por encubrimiento a sacerdotes pederastas que inició en la diócesis de Boston— han sido retirados de su cargo por la iglesia otros 218 curas. La mayoría de ellos tenían ya expedientes parroquiales con denuncias de agresiones paidofílicas. En total, sólo desde enero de 2002, se han presentado alrededor de 300 demandas civiles contra iglesias y parroquias católicas en 16 estados de la Unión Americana. También han renunciado algunos Obispos —como el de Palm

Beach, Florida— acusados de abusos sexuales contra seminaristas ocurridos hace tiempo.

PANORÁMICA EUROPEA

En Europa por su parte, han habido también casos recientes relevantes de paidofilia homosexual y explotación heterosexual de alto nivel. En Alemania, el obispo auxiliar de Maguncia, F. Eisenbach, fue denunciado este año por una catedrática universitaria de haberla agredido sexualmente durante una sesión de exorcismo que éste le practicaba. En abril pasado el papa Juan Pablo II aceptó su renuncia. Un mes antes, en marzo, el papa fue golpeado por la dimisión forzada del arzobispo de Poznan, Polonia, Juliusz Paetz, connacional y persona cercana a él, quien trabajó en el Vaticano de 1967 a 1976. El arzobispo Paetz fue investigado recientemente por una comisión enviada directamente por el papa y fue hallado culpable de "conducta inapropiada" contra varios seminaristas y sacerdotes jóvenes que lo denunciaron por diversas agresiones sexuales en el pasado. Otro obispo irlandés, país de mayoría católica, también renunció recientemente admitiendo cargos similares. El caso más notorio, sin embargo, porque involucra al clérigo católico de más alto rango hasta la fecha, ha sido el del cardenal austriaco Hans Hermann Groer, quien, recién nombrado, fue obligado a abandonar su cargo en 1998 cuando la opinión pública austriaca se enteró de su oscuro pasado como paidófilo.

EL CASO DE LAS MONJAS VIOLADAS EN ÁFRICA

Hay una conspiración de silencio alrededor de este tema.[12]
Sor Marie McDonald
*Madre Superiora de 'Las Misioneras
de Nuestra Señora de África'.*

---

12 M. McDonald, en *The Tablet: The International Catholic Weekly*, op. cit., p. 403.

La prevalencia del abuso sexual infantil homosexual por parte de sacerdotes y clérigos católico de alto rango, aunada a la dimensión institucional de su encubrimiento, ha creado, no sólo la posibilidad real de que importantes diócesis de la nación más rica del planeta vayan hacia la quiebra económica –varias están ya en bancarrota moral–, expertos y analistas consideran que de hecho la iglesia católica enfrenta su peor crisis de credibilidad en 500 años. La paidofilia homosexual, sin embargo, no es de ninguna manera la única problemática clerical sexual, ni la única razón de esta crisis de credibilidad. En marzo de 2001 el semanario católico internacional *The Tablet* dedicó un editorial entero y público un reportaje especial denunciando el abuso generalizado de monjas en África por parte de sacerdotes y el encubrimiento del Vaticano.[13] La realidad y magnitud del problema fue descrito en un reporte por Sor María McDonald, madre superiora de "Las Misioneras de Nuestra Señora de África". Su informe, titulado "El problema del abuso sexual a religiosas africanas en África y Roma" fue recibido con frialdad, excusas, y evasivas por oficiales del Vaticano. El padre Noktes Wolf, abad primate de los monjes benedictinos ha afirmado, sin embargo, que el abuso continuo de monjas africanas es una realidad y no un asunto de casos aislados.[14]

"Un aspecto particularmente perturbador de los reportes es el alegato de que los sacerdotes buscan monjas anticipando que (así) estarán libres del virus de SIDA que está diezmando a las poblaciones africanas", dice el editorial del semanario católico, publicado en Londres y fundado desde 1884.[15] Más adelante, el corresponsal en África describe el caso de una madre superiora en Malawi, quien protestó ante su arzobispo por la continua

---

13 *The Tablet*, London, U.K., March 24, 2001, p. 403.
14 N. Wolf, entrevistado por el *National Catholic Reporter*. John L. Allen, Pamela Schaeffer. "Reports of Abuse: Aids exacerbate exploitation of nuns". March 16, 2001.
15 *The Tablet*, op. cit., p. 403.

seducción de monjas bajo su cuidado por parte de distintos sacerdotes de su diócesis. Aun cuando veintinueve de ellas habían quedado embarazadas, el Arzobispo, en vez de tratar de solucionar el problema, removió públicamente de su puesto a la madre superiora y a sus principales colaboradoras. Esta apeló la decisión, pero jamás recibió respuesta del Vaticano.[16]

El problema en África no se circunscribe a Malawi. En el continente africano, de acuerdo a un reporte nunca desmentido, publicado por la revista TIME en 1994, alrededor de "tres cuartas partes de los sacerdotes africanos están, en efecto, casados y criando hijos".[17] La frase "en efecto" significa *de facto*, pues sabemos que uniones de concubinato, o aun matrimonios civiles de sacerdotes no son considerados legítimos por el Vaticano. El punto a ilustrar con esto es que los sacerdotes africanos en general no cumplen con el dogma del celibato y es común que tengan relaciones de concubinato, matrimonios civiles o romances pasajeros con mujeres de sus comunidades.[18] Si esto es así, entonces surge la pregunta ¿Por qué entonces los abusos precisamente contra monjas y religiosas?

En África, las monjas se han convertido en un grupo especialmente vulnerable porque el voto de castidad las hace candidatas menos probables para ser portadoras del virus del SIDA. Por lo tanto son consideradas "compañeras sexuales seguras" por muchos sacerdotes.[19]

Al estar jerárquicamente subordinadas, y sus proyectos y salario frecuentemente dependientes económicamente de obispos y otros líderes en posiciones de poder, las monjas africanas se

---

[16] Ibid., pp. 432-433.
[17] En "Sex, Power and Priesthood", *The Tablet*. op cit., p. 432.
[18] Este fenómeno se corrobora en el ya citado artículo de John L. Allen y Pamela Schaffer.
[19] Maura O'Donohe. Coordinadora en turno del Programa sobre el SIDA de *CARITAS International*. Informe al presidente de los Institutos de Vida Consagrada y Sociedades de Vida Apostólica. Roma, 18 de febrero de 1995. La Dra. O'Donohe es religiosa de las Misioneras Médicas de María.

encuentran en desventaja laboral cuando sacerdotes requieren favores sexuales de ellas. El decir "no" a un jerarca importante puede tener represalias para todo un convento o simplemente marginación financiera personal. Asimismo, candidatas a monjas comúnmente han requerido de una especie de "certificado" de aprobación por parte de algún sacerdote para poder ingresar formalmente a una orden religiosa.[20] "Especialmente jovencitas con poca educación, cuando se topan con hombres de mayor edad y más educación"[21] suelen ser presa fácil para sacerdotes sin escrúpulos quienes explotan el anhelo vocacional de las muchachas africanas para gratificarse sexualmente. Dicho problema fue considerado de tal magnitud que actualmente algunas congregaciones de religiosas ya no requieren dichos certificados a sus candidatas para no exponerlas a la seducción por coerción religiosa.

Casos como el anterior y el de las muchas monjas embarazadas por sacerdotes africanos (algunas de ellas obligadas o presionadas a abortar), y el de los conventos que son vistos como harems seguros contra el SIDA, aunados a la represión autoritaria contra las superioras y religiosas que han denunciado estos desmanes, han provocado protestas formales de parte de monjas a muy alto nivel. Por ejemplo *La Conferencia de Estudio de las Hermanas de África Oriental* (SEASC) denunció formalmente estos abusos, a través de sus delegadas, ante la conferencia de obispos de África Central y Oriental (AMECEA) luego de su reunión, en Kampala, Uganda en agosto de 1995.[22] La SEASC tiene la representación de 15,000 monjas de ocho países africanos y tiene una fuerza considerable. En su queja formal decían. "Consideramos esto un asunto de justicia el cual creemos que ya no puede ser ignorado".

---

[20] Idem., también John L. Allen y Pamela Schaffer, op. cit.
[21] "Sex, Power and Priesthood", *The Tablet*, op. cit; p. 432.
[22] Ibid., p. 433.

La gravedad del asunto de las monjas explotadas sexualmente en África ha alcanzado tal magnitud que ha provocado intensas críticas de la prensa Europea y de la opinión pública. Comentando el mencionado reporte de O'Donohe, el diario español *El País* reprodujo en su edición del 21 de marzo de 2001 dos dramáticos casos. Uno es el de un sacerdote que obliga a abortar a una joven monja que él mismo embarazó. Ella fallece en la operación y el mismo sacerdote termina oficiando la misa del entierro.[23] Otro caso extremo es el de una mujer recién convertida del islam al catolicismo: "fue aceptada como novicia en una congregación local. Cuando fue a solicitar al párroco los certificados correspondientes, éste la violó como requisito previo. Como ella había sido repudiada por su familia por abandonar el islam, no podía volver a casa, por lo que se unió a la congregación. Poco después supo que estaba embarazada. No le quedó más remedio que huir y pasó diez días deambulando por la selva. Por fin decidió ir a ver al obispo, quien llamó al cura. Éste aceptó la acusación y fue castigado con un retiro de dos semanas".[24]

Niveles de impunidad como estos, aunados a las declaraciones del vocero oficial del Vaticano para intentar minimizar la extensión del fenómeno, indignaron aun más a la opinión pública. Tanto que el Parlamento Europeo apoyó por mayoría de votos en Estrasburgo, una resolución oficial titulada. "Sobre la violencia sexual contra las mujeres y en particular contra religiosas católicas". El documento, de carácter público, se solidariza con las víctimas, exige al Vaticano que destituya de sus cargos a los sacerdotes y obispos responsables de explotar sexualmente a las monjas, y pide "que cooperen con las autoridades

---

23   Lola Galán, "El Vaticano reconoce que cientos de monjas han sido violadas por misioneros". *El País*. 21 de marzo de 2001.
24   "Dos semanas de retiro por violar a la novicia". *El País*. 21 de marzo de 2001.

judiciales", a las cuales llama a proceder jurídicamente contra los responsables.[25]

El actual escándalo por paidofilia sacerdotal que comenzó en los Estados Unidos este año no se puede explicar sin el antecedente de las monjas africanas, una injusticia que está documentada por especialistas por lo menos desde hace dos décadas pero que tiene raíces ancestrales.

¿Y QUÉ DE LATINOAMÉRICA?

En los Estados Unidos existen alrededor de 30 millones de hispanos, la mayoría de origen latinoamericano. Alrededor del 25% de la membresía de la iglesia católica estadounidense, así como una parte importante de las grandes denominaciones pentecostales e iglesias protestantes y evangélicas mencionadas en los estudios citados al inicio de este capítulo, son latinos. ¿Existen factores particulares que pueden hacer a los hispanos más vulnerables a los abusos que otras culturas, como digamos, la europea? Eso piensa William H. Bowen quien ha pertenecido a los Testigos de Jehová por más de 43 años y ocupado importantes cargos en su organización. Bowen dirige actualmente un proyecto para concientizar a los Testigos de Jehová de que la alta cúpula de la organización Watchtower protege a miles de pederastas al interior de la institución.

Hasta la fecha, Bowen ha acumulado suficiente información para documentar casi 24,000 casos de paidofilia dentro de los testigos de Jehová en su país. La mayoría involucra abusos a niñas victimizadas por laicos, personal administrativo y líderes. Muchos de ellos han sido protegidos por las políticas patriarcales dictadas por los máximos dirigentes de la organización Watchtower. En una entrevista con el autor de estas

---

[25] "Sobre la violencia sexual contra las mujeres y en particular contra religiosas católicas". *Resolución del Parlamento Europeo*. Estrasburgo, 5 de abril de 2001.

líneas, el activista expresó su preocupación por lo que sucede especialmente al interior de las comunidades latinas de Testigos de Jehová en los Estados Unidos. Bowen considera que la incidencia y gravedad de los abusos y encubrimiento es mayor en aquellas que en los Salones del Reino de las comunidades anglosajonas.[26] Como ejemplo menciona el caso de Erika Rodríguez, ampliamente publicitado en los medios de comunicación de su país, quien fuera abusada y violada desde que tenía cuatro años de edad por un líder de los Testigos, también hispano.

LOS TESTIGOS DE JEHOVÁ Y EL CASO DE ERIKA RODRÍGUEZ

El agresor, Manuel Beliz, a pesar de haber sido sentenciado recientemente a once años de prisión por violación en el estado de Washington, fue reintegrado a la membresía de los Testigos de Jehová luego de un breve período de "excomunión". Durante el juicio contó con el apoyo moral de sus amigos testigos, líderes de su organización y familiares practicantes de la misma fe. Erika por su parte, quien se vio obligada a iniciar el doloroso proceso judicial a la corta edad de 21 años, fue estigmatizada, aislada y considerada "traidora" por haber acudido a las autoridades a denunciar al líder que abusó sexualmente de ella semanalmente desde que tenía cuatro años hasta la edad de once. Según consta en las actas judiciales de proceso penal, entre los defensores a ultranza de Manuel estuvieron varios familiares del violador y Testigos de Jehová miembros de la comunidad latina. El tipo de cartas, excusas, minimizaciones, testimoniales y argumentos ofrecidos al juez para que exonerara al violador van de lo pueril a lo inverosímil. El espacio no nos permite hacer una descripción detallada. Son transcripts públicos y por ello pueden ser consultados *ad libitum* por el lector

---

[26] William H. Bowen. Comunicación personal. 15 de junio de 2002.

interesado. Algo tienen en común las mencionadas apologías, y es una sospechosa similitud entre sí que hacen pensar en la posibilidad de que se hayan elaborado a partir de machotes de autoría única. Pero lo que más resalta al examinar el caso es una solidaridad feroz en torno al líder religioso mencionado, la cual que contrasta con una indiferencia inconcebible hacia una chica que vivió encerrada en un infierno de vergüenza y dolor por siete años, callando siempre ante la amenaza del líder de expulsarla a ella y a sus padres de los Testigos de Jehová si alguna vez lo denunciaba por violarla. Es esa solidaridad de clan, ciega a los aspectos de justicia, lo que preocupa a activistas como William Bowen sobre las comunidades latinas de los Testigos de Jehová. La solidaridad y lealtad, familiar y comunitaria, que suelen ser rasgos distintivos de la cultura hispana, frecuentemente se pervierten cuando se desarrollan dentro de estructuras religiosas autoritarias y represivas. Entonces se tornan en patrones de encubrimiento y complicidad que favorecen el silencio y la secrecía en que florece la impunidad que destruye a los más vulnerables.

Erika Rodríguez, como resultado de la agresión sexual, ha sufrido crisis de depresión clínica en su vida adulta. Esto le implicará gastos médicos continuos hasta que logre su estabilidad. Por ello está actualmente demandando por la vía civil a la organización central de los Testigos de Jehová por negligencia, diversas modalidades de encubrimiento, y daños, a través del poderoso Bufete jurídico que dirige Jeffrey Anderson. Anderson es el prestigiado abogado que, representando a varias víctimas de paidofilia sacerdotal, está actualmente demandando por varios millones de dólares a la Diócesis de Boston.

¿UN TEMA TABÚ?

En Latinoamérica, en pleno siglo XXI, aun es tabú tocar el tema de la delincuencia ministerial. El asunto de la religión es particularmente sensitivo para una cultura condicionada desde tiempos ancestrales por la superstición y la sumisión servil a la autoridad. Pero con todo y eso, empiezan a surgir estudios y cifras concretas de la extensión del problema. Por ejemplo, la antropóloga Paloma Escalante, investigadora de la *Escuela Nacional de Antropología e Historia*, quien ha realizado estudios de campo con refugiados centroamericanos, comenta que en parroquias pequeñas de zonas rurales suele haber un alto nivel de casos de sacerdotes católicos que abusan sexualmente de jovencitas, sobre todo de trabajadoras domésticas o voluntarias que les ayudan. También enfatiza que muchos casos tardan décadas en ser reportados y a veces nunca lo son por factores psicológicos y culturales —como el machismo—, propios de los latinos.[27]

El arzobispo Bartolomé Carrasco, a la cabeza de una importante diócesis latinoamericana, denunció ante el Vaticano desde 1990 que el 75% de los sacerdotes bajo su jurisdicción no cumplían el dogma del celibato.[28] Muchos de ellos estaban sosteniendo relaciones de concubinato, las cuales, necesariamente, conllevan un abuso de poder por causa de su investidura jerárquica. En Brasil, Nicaragua y Panamá han salido recientemente a la luz pública, casos notorios de corrupción de menores. Un ejemplo es el del sacerdote Hermogenes Ovalle, párroco de Río Hato, una población 150 kilómetros al oeste de la capital de Panamá. El cura sedujo a una menor de 16 años y cuando supo que estaba embarazada le dio 20 dólares y le dijo que abortara. En junio de este año la fiscalía panameña abrió una investigación por estupro. El escándalo fue de tal magnitud que representantes de la iglesia católica pidieron perdón públicamente y

---

27 Paloma Escalante, entrevistada por Juan C. Rodríguez Tovar. Revista *Milenio*. 6 de mayo de 2002, p. 59. También en *Vergüenza, Dolor y Poder en casos de Abuso Sexual*; Ensayo no publicado. México. S / F.
28 Entrevistado para el programa *Realidades*. Reportaje "Propósitos Divinos; Tentaciones Humanas". CNI / Canal 40. Televisado el 12 de mayo de 1998.

ofrecieron ayudar económicamente a la adolescente y a su hijo, nacido hace unos cuantos meses.

En México, país con la mayor concentración de católicos en el continente después de Brasil, el *Departamento de Investigaciones Sobre Abusos Religiosos* (DIAR), organismo no gubernamental para la defensa de los derechos humanos, publicó en mayo de 2002, los resultados de un estudio de 280 denuncias contra ministros y líderes de diferentes denominaciones y religiones. Del total, el 35% son agresiones sexuales, 50% son fraudes y explotación económica y 15% caen en la categoría de violaciones diversas a los derechos humanos. Estos incluyen la coerción a través de amenazas para impedir que personas dejen tal o cual secta o religión, intimidación, persecución, intolerancia y el impedir la libertad de creencias.[29]

¿QUIÉNES SON LAS VÍCTIMAS?
MUJERES Y NIÑOS, LOS GRUPOS MÁS VULNERABLES

En el mencionado estudio, la mayor parte de los afectados son mujeres (55%), seguidos por menores de edad (30%). Sólo el 15% son hombres adultos. Estos resultados ubican definitivamente a las mujeres y a los niños como los grupos más vulnerables de la sociedad en este ámbito. Otro dato importante, es que una gran cantidad de casos en las denuncias contaban con suficientes elementos jurídicos para proceder penalmente, y/o por la vía civil, e iniciar demandas por violaciones a los derechos humanos o a las leyes federales.

El reporte del DIAR indica que la mayoría de las denuncias fueron contra ministros de iglesias y grupos no católicos diversos de corte carismático neopentecostal y pentecostal, seguidas

---
[29] "Los Abusos Religiosos en México: Reporte Anual". Naucalpan, Estado de México: DIAR, Mayo de 2002.

por líderes de denominaciones evangélicas, protestantes históricas, sacerdotes católicos y sectas destructivas. En la mayoría de los casos, con algunas notables excepciones, señalaban a ministros, no a organizaciones.

El DIAR explica que dichas cifras no significan que en las iglesias católicas de México, o en general de Latinoamérica, ocurran menos abusos que en otros grupos religiosos. Explica la diferencia más bien en términos de una mayor disposición de los evangélicos a denunciar ilícitos debido a una mayor concientización de sus derechos humanos y menos temor supersticioso a los líderes y/o a la institución religiosa. Asimismo enfatiza que en contraste, cuando las denuncias involucran a la institución religiosa y no sólo a un líder, la iglesia católica tiene más denuncias, los casos son más graves, e involucran a mayor número de afectados que en otras organizaciones. Un ejemplo es el caso del sacerdote católico Juan Aguilar de Tehuacan, Puebla, acusado desde 1997 de abusar sexualmente de sesenta menores que estudiaban catecismo en su parroquia. Actualmente el sacerdote está sujeto a un proceso penal que incluye el delito de corrupción de menores. Hoy está prófugo de la justicia, huyendo para evadir una orden de aprehensión.[30]

El Departamento de Investigaciones sobre Abusos Religiosos calcula que alrededor de 30% de los 14,000 sacerdotes católicos en México cometen algún tipo de abuso de índole sexual contra sus feligreses.[31] Esto incluye no sólo la tan publicitada paidofilia homosexual, sino también la heterosexual (contra niñas), así como el estupro y el uso del secreto de confesión para explotar vulnerabilidades sexuales de mujeres casadas o solteras.

---

30 Averiguación Previa No 3497/997/DRS. Procuraduría de Justicia del Estado. Causa Penal No 6/1998/1. Asimismo, Resolución de la Sexta Sala del Tribunal de Justicia del Estado (T. 1073/2001).
31 Lic. Raymundo Meza. Director Jurídico del DIAR. Entrevistado por Rodrigo Vera. Revista *Proceso* 1329. 21 de abril, 2002, pp. 19-20.

En España por su parte, un estudio respaldado metodológicamente por el Dr. J. Manuel Cornejo, Jefe del Departamento de Investigación de la Facultad de Psicología de Barcelona, arrojó como resultado que un 33% de sacerdotes ha cometido algún tipo de abuso sexual a menores. Dicha investigación revela, según una muestra de 354 sacerdotes, que el 53% —*más de la mitad*— sostienen relaciones sexuales con mujeres adultas.[32]

DATOS PERTURBADORES

Si hacemos una pausa y analizamos el cúmulo de cifras y casos hasta aquí expuestos a la luz de la literatura especializada existente, podemos llegar a varias conclusiones 1) Los abusos religiosos son un fenómeno bastante extendido que en general no respeta fronteras, ni denominaciones, 2) Los grupos sociales más vulnerables son los menores de edad y las mujeres, 3) Las estadísticas existentes aunadas a datos empíricos indican que prevalecen los abusos de explotación económica y en segundo lugar están los sexuales. 4) En esta última categoría hay un abanico de matices —desde la violación repetida de niños, hasta la relación explotativa ministro-oveja con personas adultas—. En algunas organizaciones religiosas predomina más un tipo y en otras otro. Asimismo existe distinta disposición por parte de los feligreses para denunciar ilícitos dependiendo de la denominación o grupo de que se trate. 5) Los ministros de muchas denominaciones y grupos llamados cristianos tienen estándares de ética profesional más bajos e índices más altos de involucramiento sexual con sus feligreses, que los profesionales de la salud seculares con sus pacientes.

Con base en los estudios existentes y tomando en cuenta similitudes culturales entre los pueblos latinos, así como de las estructuras religiosas autoritarias y la prevalencia de doctrinas que justifican y protegen las conductas ilícitas de ministros de

---

[32] P. Rodríguez, *La Vida Sexual del Clero*. Barcelona: Ediciones B, 1995.

muchas agrupaciones, se puede pensar que el panorama puede ser muy similar en otros países hispanoamericanos. El mismo se presenta especialmente sombrío para los creyentes.

El hecho mismo de que algunas cifras concretas como las que hasta aquí hemos visto hayan sido proporcionadas por las denominaciones mismas, implica por un lado que hay organizaciones que desean cambiar. Algunos de los estudios citados al principio han sido realizados por las mismas agrupaciones religiosas para tratar de medir la magnitud del problema e implementar soluciones. Esto es alentador. Otras iglesias y sectas, sin embargo, se empeñan en minimizar o negar la existencia y magnitud del problema a su interior, aun a pesar de que con esto siguen poniendo en riesgo la salud física, emocional y espiritual de los feligreses, y violando sus derechos humanos. La prevalencia de la negación, el ocultamiento de información y la secrecía encubridora, hacen hoy más que nunca necesarias las investigaciones independientes para tratar de cuantificar el número y tipo de abusos pastorales en muchas organizaciones.

El escenario para las ovejas, es en general preocupante, pues si es cierto que se empiezan a conocer el número de ministros que abusan en grandes denominaciones evangélicas y protestantes, así como en el catolicismo, también es cierto que ha sido un proceso lento y forzado. La historia nos enseña también que las grandes organizaciones y sus estructuras burocráticas suelen tardar bastante en cambiar —a veces años, si no es que décadas y a veces siglos—. Además existen literalmente cientos de grupos autónomos pseudo-cristianos, sectarios y neo-carismáticos con liderazgos sumamente autoritarios y estructuras cerradas que carecen en absoluto de mecanismos de rendición de cuentas al interior y al exterior de sus organismos. De estos, no se suelen tener cifras precisas de casos de abusos. Este es un dato perturbador pues en Latinoamérica muchos de estos movimientos están creciendo a pasos agigantados y crean subculturas de impunidad y explotación que afectan a muchos. Varios estudios de campo, algunos referidos en este libro, nos han permitido de vez en cuando echar un vistazo a lo que ocurre al interior de sus grupos y observar lo que sus ovejas pocas veces se atreven a decir. El espectáculo es alucinante: casos de coerción espiritual y moral para obligar a mujeres a practicarse abortos "por revelación", fraudes millonarios, organizaciones que satanizan a víctimas de abusos infames como la violación mientras brindan pleno respaldo a líderes criminales, movimientos que desarrollan a su interior ceremonias donde "santifican" la agresión sexual de menores, o iluminados que prometen curaciones a cambio de dinero e impiden que la gente busque atención médica sin importar que ésta llegue a morir. Los ejemplos son interminables.

ADQUIRIENDO DISCERNIMIENTO EN UNA ÉPOCA DE CRISIS

Ante escenarios extremos como estos, y en sí ante las proporciones epidémicas de los graves abusos pastorales en denominaciones importantes, es ridículo, además de riesgoso, pretender que los creyentes tengan que esperar años hasta que su denominación o religión empiece a implementar lentos cambios y reformas y que en el proceso un buen número de personas continúen siendo victimizadas.

Asimismo mucha gente genuinamente interesada en las cosas espirituales está en un *proceso de búsqueda* y no quiere arriesgarse a experimentar en tal o cual grupo novedoso, o con el gurú, ministro o milagrero en turno. Por todo esto la alternativa más práctica para protegerse de los abusos ministeriales es la prevención a través de la educación autodidacta. Aquí es donde son útiles libros como *Pastores que abusan*, que en cierta forma es un manual de discernimiento para aprender a identificar liderazgos religiosos destructivos en el ámbito cristiano y las técnicas de manipulación que utilizan. Esta educación es un proceso en el cual el creyente que ya es miembro de una determinada iglesia —y quienes están en una búsqueda espiritual experimentando en diferentes opciones— asumen responsabilidad personal de instruirse a sí mismos y evaluar bajo criterios lógicos y teológicos saludables a qué tipo de liderazgo le van a encomendar su cuidado espiritual y el de sus seres queridos. En este proceso, la persona viene a tener mayor control de la situación y ella decide lo que le conviene de entre la amplia gama de opciones que se le presentan.

Una vez que conoces los rasgos sobresalientes de los liderazgos autoritarios y sus estratagemas para manipular la Biblia, los dogmas doctrinales, y los sentimientos religiosos, tú no estás más en la posición de "presa fácil" y puedes protegerte a ti y a los tuyos de un abuso religioso que puede ser devastador. Simplemente necesitas utilizar tu capacidad de elección. A menos que exista uso de la fuerza física o manipulación psico-fisiológica, el creyente informado siempre estará en condiciones de sencillamente *dejar* a un liderazgo patológico, una vez que lo ha identificado.

Mientras tanto, pueden seguir surgiendo nuevas sectas con iluminados explotadores y las grandes denominaciones y religiones pueden continuar discutiendo largamente qué políticas implementar y cuáles procedimientos burocráticos aplicar en el caso de un ministro o sacerdote que gusta de cometer tal o cual atropello. Y en caso de que se continúen tardando —las que al menos han iniciado ese proceso— es de esperarse que las iglesias serán puestas en orden por los gobiernos civiles, como ya está sucediendo en algunos países. La falta de autocrítica y de autogobierno, llevará necesariamente, como bien se apunta en el libro del Dr. Gary Collins, a la intervención de los gobiernos civiles en los asuntos internos de las iglesias para proteger a los ciudadanos.

Teniendo en mente la crisis por la que pasa actualmente el catolicismo en los Estados Unidos, las palabras de Mosgofian, escritas en 1995, suenan casi proféticas cuando explicaba que la epidemia de abusos sexuales por parte de ministros bien podría llegar a "ser el Waterloo de la Iglesia en Occidente". Citando sus propias palabras, "si la Iglesia no decreta un alto y toma control efectivo sobre aquellos de sus ministros descarriados, el Estado tomará control de la Iglesia y aplicará severos castigos sobre los transgresores y sobre la Iglesia en general."[33]

---

[33] Mosgofian, Peter and Ohlschlager, George. *Sexual Misconduct in Counseling & Ministry*. U.S. A.: Contemporary Christian Counseling, 1995.

3

Estructuras perversas: El ídolo de la institución

El caso de las agresiones sexuales a menores, ocurridas en los dormitorios de la Ciudad del Niño Don Bosco, y narradas en el capítulo uno, muestra las caras oscuras más comunes de la complicidad organizacional que fomenta estos abusos. En un inicio, la jerarquía religiosa se enteró de lo que el padre Manzo hacía y tuvo suficientes evidencias para evitar que las agresiones continuaran, pero decidió no hacer nada. Lo que superficialmente parece un mero estado de negación de la institución es algo un poco más complejo y tiene sus causas, entre otras, en factores sociológicos, históricos y teológicos.

El primero es un pragmatismo deshumanizado. Sencillamente cuesta mucho dinero a la iglesia católica preparar sacerdotes para ordenarlos y de hecho hay cada vez menos candidatos. Existe, pues, una crisis de vocación sacerdotal mientras que muchas religiones aumentan cada vez más su lista de misioneros y líderes espirituales. Muchos jerarcas católicos se niegan a perder "un obrero más", no importando que hayan violado o vejado sexualmente a niños, a veces a decenas o aun cientos de ellos, a lo largo de décadas. Por eso se aferran a dejarlos en el ministerio.

El segundo factor es teológico. La iglesia católica sostiene que el sacerdote, al ser ordenado, tiene un cambio metafísico de constitución que lo habilita para administrar los sacramentos *válidos*. Ese cambio acontece por virtud de una autoridad especial trasmitida a lo largo de los siglos por una mítica sucesión episcopal-apostólica, cuyo vehículo principal es el Papa en turno. Desde la controversia entre San Agustín y los Donatistas en el siglo V d.C., el catolicismo sostiene que los sacramentos administrados por un sacerdote, trátese de bautismo, confesión, comunión, etcétera, son válidos aunque éste viva en cualquier pecado.

Esta peculiaridad doctrinal implica hipotéticamente que un sacerdote pueda violar a un niño dentro de la sacristía e inmediatamente salir y dar misa, confesar a los fieles, y absolver *a otros* de sus pecados. En el sacerdote reside, según este dogma, un poder cuasimágico, independientemente de su conducta y praxis ética. La lógica perversa de muchos obispos es ésta: si un sacerdote paidófilo sigue siendo eficaz para administrar sacramentos —y en esos ritos se basa en gran parte la fe de multitudes de católicos—, ¿para qué deshacerse de él sólo porque incurrió en tal o cual crimen o inmoralidad?

LEYES DISEÑADAS PARA ENCUBRIR

El tercer factor que contribuye a que se deje en su puesto a un depredador sexual es de carácter histórico. El derecho canónico —la colección de leyes que rigen a la iglesia católica— es una tradición anclada en el medioevo, una era histórica de impunidad, privilegios y excesos que caracterizó lo mismo a Papas que a sacerdotes en la Europa de aquel entonces. Dicho código de leyes está diseñado para mantener en su puesto a los sacerdotes que delinquen, más que para proteger a los católicos vulnerables que son victimizados. Las sanciones para un cura que abusa sexualmente —y en sí que comete casi cualquier delito contra un feligrés— van desde una amonestación hasta —máximo— reducirlo al estado laico, o sea, suspenderlo del sacerdocio. El derecho canónico no considera contra ellos la excomunión, ni la expulsión, mucho menos denunciar a las autoridades civiles.

Los factores, pues, que propician la impunidad del abuso sexual en el catolicismo, están profundamente enraizados en la teología, la historia y el mundanal pragmatismo.

EL ÍDOLO DE LA IMAGEN INSTITUCIONAL

En un segundo nivel, el problema está en lo que se conoce socio-antropológicamente como "construcción de la imagen institucional"; esto es, el prestigio público de la organización religiosa en cuestión. El ministro *forma parte* de una iglesia y es del conocimiento público que así es. Funge además como *representante* de ésta ante la comunidad, y en el caso de la iglesia católica representa en un plano simbólico al Papa del cual como vicario de Cristo, se cree que emana el poder y autoridad por el cual el sacerdote oficia los ritos e imparte sacramentos como la eucaristía. Si se reconoce que en efecto un sacerdote ha abusado sexualmente de menores, se daña la imagen de la iglesia *a todos* esos niveles. La institución prefiere negarlo, cambiar al abusador de lugar si hay amenaza de escándalo o, como ha sido frecuente, comprar secretamente el silencio de las víctimas con una fuerte cantidad de dinero, mediante convenios legaloides. Todo, menos que se sepa la verdad y correr el riego de que se desprestigie a la organización. Esto último, está ligado a lo que el antropólogo Elio Masferrer llama *el capital simbólico* de la institución. Menos capital simbólico equivale a menos credibilidad y menos influencia política y social. Por eso se protege a capa y espada la imagen institucional.

En los casos de clero y paidofilia, los estudios que hasta ahora se han hecho al respecto muestran que en Latinoamérica existe un patrón de conducta bastante consistente. Primero, se niega el hecho. Si esto no es suficiente para evitar el escándalo, entonces se cambia de parroquia al sacerdote —a veces después de un período de tratamiento, aunque esto no sucede en la mayoría de los casos—. Si esto aún resulta insuficiente para evitar que el caso se haga público, se recurre a las amenazas religiosas, a los chantajes espirituales o emocionales o a las jugosas compensaciones económicas "por debajo de la mesa" para tratar de acallar a las víctimas. Nótese que en este proceso no importa que decenas, y a veces cientos de víctimas puedan continuar siendo agredidas sexualmente por uno o varios sacerdotes. Lo importante es proteger a como dé lugar la imagen pública de la institución. Y atrás va quedando una larga lista de niños traumados, adolescentes confundidos que a veces se suicidan, mujeres y hombres atormentados por recuerdos, vidas destrozadas y fes pulverizadas. A menudo, las víctimas de abusos por parte de ministros no pueden hacer las distinciones apropiadas entre los hechos de un hombre que se disfraza tras la sotana para delinquir y los superiores que lo encubren, y Dios y las enseñanzas de los evangelios, las cuales reprueban categóricamente ese tipo de acciones.

Cuando las anteriores estrategias para cuidar la imagen institucional fallan —como ha sido el caso reciente de los escándalos por paidofilia sacerdotal en Estados Unidos, que ha involucrado desde obispos que han abusado de jóvenes seminaristas, hasta cardenales que han encubierto por décadas a sacerdotes acusados de violar más de cien niños—, entonces la iglesia instrumenta un discurso dedicado a minimizar los hechos, a justificar el encubrimiento, a culpar a las víctimas de ser desleales, y a los medios de comunicación de organizar un complot para desprestigiarla. También recurre en ocasiones a la intimidación por medio de abogados.

SACRIFICANDO A LOS NIÑOS ANTE EL ALTAR DE MOLOC

Este patrón de conducta no es exclusivo de la iglesia católica. Se puede observar algo muy similar en diferentes denominaciones que se describen en este libro y en sectas autoritarias. Sin embargo, por las razones estructurales arriba expuestas es particularmente prominente y extendido en el catolicismo.

Hay dos paradojas en este comportamiento. Uno, eventualmente las cosas ocultas tienden a salir a la luz pública y lo que se quería evitar resulta peor. Allí está, de nuevo, el ejemplo de las diócesis de Estados Unidos que, además de haber gastado mil millones de dólares en compensación a víctimas y gastos legales por los atropellos de curas paidófilos, están en peligro de ir a la bancarrota y en la peor crisis de credibilidad de su historia contemporánea.

No importa cuánta retórica cristiana se utilice. Cuando las vidas de los seres humanos más vulnerables de la sociedad, los niños, son rutinariamente sacrificadas ante el ídolo de la imagen institucional bajo el pretexto de salvaguardar su prestigio *para servir a Dios*, se está practicando en realidad una forma sofisticada del más craso paganismo.

4

Los líderes autoritarios y el dinero

¿Quién va a ofrendar cincuenta nuevos pesos?
¿Quiénes son los de a 50? ¡Pasen al frente!
Ahora los que van a dar 40 pesos. ¿Quiénes son?
¡Aleluya! ¡Al que da más, Dios lo bendice más!
Pasen ahora los que sólo pueden ofrendar veinte.
Acuérdense que Dios ama al dador alegre. ¿Amén?

Era una mañana como muchas otras en el culto dominical de la Iglesia Betania. El hermano Guillermo estaba al frente recolectando las ofrendas con su muy particular estilo. Con gran carisma personal y una habilidad impresionante para convencer a la gente, invitaba y desafiaba a los congregantes a poner la mayor cantidad de dinero posible en el cesto de las ofrendas que estaba al frente del altar. Entre chistes, exhortaciones bíblicas y promesas, pedía que pasaran al frente primero los que iban a poner un billete de 50 pesos. Algunos congregantes se levantaron entonces y, pasando al frente, lo depositaron ante su mirada de aprobación. Cuando nadie más respondió a este llamado entonces les hizo la invitación a que pasaran los que podían dar 40 pesos. En esa empobrecida colonia, por lo general sólo la gente de buenas posibilidades económicas respondía a esos dos llamados.

Mientras esto pasaba, al fondo de la improvisada carpa había algunas personas que se sentían incómodas con la escena que estaban presenciando. Era la gente más pobre de la congregación. Gente como la señora. Del Carmen, una antigua asistente que vivía en una casa con techo de cartón junto con sus hijos y que a duras penas completaba para el gasto.

La oferta fue bajando hasta que finalmente se llamó a la gente que sólo podía ofrendar diez, y luego cinco pesos. Del Carmen se paró, puso su ofrenda en el cesto y regresó a su lugar. Su incomodidad era notoria, pero no era por haber dado su dinero. Al contrario. Se sentía mal por no poder *dar más* y así ganarse la aprobación del hermano Guillermo y del pastor, el ingeniero Hernán. Ambos perdían visiblemente el entusiasmo, conforme se iba acabando el momento de que pasaban los que podían ofrendar más. La señora Del Carmen ignoraba que estaba siendo víctima de un método de manipulación en donde la idea es avergonzar públicamente a aquellos asistentes que no ofrendan grandes cantidades para así presionarlos a dar más. Doña Del Carmen no podía darse cuenta de esto porque nunca hubiera imaginado que su pastor sería capaz de algo así. Él, de acuerdo con lo que le habían enseñado, era un siervo de Dios, y no había que cuestionarle en nada.

Mientras esta escena acontecía, había alguien cercano al pastor Hernán que también estaba incómodo con la situación. Se trataba de uno de los líderes de la directiva y tesorero de la iglesia, Samuel Rivas.

El culto prosiguió su curso acostumbrado. Cuando la reunión terminó, Samuel Rivas salió junto con su esposa y el sentimiento de incomodidad que tenía comenzó a desvanecerse poco a poco. Conforme fue platicando con ella su mente fue ocupándose en otras cosas. Ese sentimiento de desasosiego, ese pequeño foco de alarma que se llama conciencia, se fue apagando en su interior y Samuel no le dio importancia. Tampoco le dio importancia al hecho de que Guillermo, el experto en recoger ofrendas, estuviera al frente de la reunión los domingos mientras todos, incluido el pastor, sabían que vivía en adulterio con distintas mujeres.

Pasó mucho tiempo para que Samuel se diera cuenta de que él y otros miembros de la Iglesia Betania estaban siendo víctimas de un fraude a gran escala.

La historia de Samuel Rivas es un caso típico de manipulación religiosa para sacar provecho económico de las ovejas. Es común hoy en día, que líderes religiosos utilicen el autoritarismo para explotar comercialmente a sus oyentes. Samuel llegó hace aproximadamente cinco años a la Iglesia Betania, buscando un cambio de vida y encontrar a Dios, del cual se sentía alejado. Conforme pasaron los años logró tener ciertos cambios de conducta gracias a algunas de las enseñanzas que impartía el pastor Hernán. Definitivamente ya no era el mismo de antes. Cierto, se habían acabado el alcohol, el cigarro y los bailes. Sin embargo, Samuel no tenía un cambio profundo en su corazón. Aun sentía ese vacío y lo sabía.

Al pasar los años, Samuel fue llamado a ocupar un puesto en la directiva de la iglesia. Así siguieron las cosas hasta que, en una forma casi imperceptible, él y su esposa se encontraron siendo víctimas de una increíble explotación económica. He aquí parte de lo que sucedía en Betania.

Además de los diezmos y ofrendas que se recogían puntualmente, todos los miembros de la iglesia, eran *obligados* a pagar las siguientes cuotas:

Cuota mensual por membresía: de 5 a 10 pesos. Cuota semestral para evangelismo: 25 pesos. Una cuota anual mínima de mil pesos para construcción del templo. Aparte de esto, se tenía que aportar una cantidad especial para el día del pastor, otra para la cena de fin de año (30 pesos) y cuotas diversas para cubrir los gastos del pastor cada vez que éste salía de viaje. También era necesario dar una ofrenda especial cada vez que venía un predicador invitado. Todas estas cantidades eran obligatorias, no opcionales, y constituían una pesada carga para gran parte de los congregantes que vivían con el sueldo mínimo. Aquellos miembros que por su precaria condición económica no cumplían con las imposiciones económicas del pastor, eran presionados, manipulados y humillados de distintas maneras. Uno de los trucos favoritos era, en palabras de una ex congregante de Betania, decirle a la gente: *"Tienes que cooperar porque tú ya estás bautizado"*. De esta manera, el respeto que la gente sentía por la ordenanza del bautismo, era utilizado para manipularla y se convertía en un instrumento de presión para forzarla a dar dinero.

En la Iglesia Betania la aprobación o desaprobación del pastor Hernán para con sus ovejas se basaba en una sola cosa: si cumplían o no con sus cuotas y aportaban dinero. Como consecuencia de esto había un fuerte favoritismo del pastor y su esposa por la gente de posición acomodada. Ese favoritismo no tenía límites y un ejemplo era el caso de Guillermo, el hábil recaudador de dinero que los domingos recogía la ofrenda. Su escandalosa vida de adulterio era del dominio público, conocida por la sociedad y también por la pequeña iglesia de corte pentecostal; sin embargo, le era dado el privilegio de presidir reuniones dominicales. La razón era muy sencilla: era gerente de un hotel y donaba mucho dinero a la iglesia. Además su habilidad para hablar y convencer a la gente era evidentemente de mucha utilidad al pastor.

Otra extraña situación que pasaba casi inadvertida en Betania era la de Don Joaquín Sánchez, un miembro del grupo que por alguna razón que no estaba clara, había sido "expulsado", lo que significaba que tenía que estar fuera de la iglesia. La única forma en que el pastor Hernán *le podía retirar el castigo* y permitirle volver a congregarse era que Don Joaquín le pagara una "multa" de 800 pesos. Varios congregantes fueron testigos de que él intentó pagar la multa con ladrillos y blocks, pues era albañil y carecía de dinero. El pastor no aceptó. Tenía que ser en efectivo.

A esto que acabamos de narrar, el Nuevo Testamento le llama "hacer mercadería de las almas" y según el código penal quizá se podría clasificar como chantaje. Pero sorprendentemente ninguno de los integrantes de la iglesia actuó ni confrontó con su conducta delictiva al "pastor".

Así eran las cosas en Betania. Tal es el hechizo y el poder que tienen las doctrinas del autoritarismo sobre los que las escuchan.

En parte por su falta de conocimiento de la Biblia y en parte porque allí se les inculcaba insistentemente la idea de que el pastor es el siervo de Dios incuestionable y que puede hacer lo que sea, Samuel tardó años en darse cuenta de lo que realmente sucedía en su congregación. Él mismo nos dice que tan fuerte es el autoritarismo en dicho grupo:

"Allí la gente tiene al pastor como su dios. Lo idolatran".

Con esto quiere decir que el pastor, a diferencia de los demás congregantes, no estaba sujeto a ningún mecanismo de rendición de cuentas ni se ceñía a los mismos estándares éticos de conducta que los demás. No podía ser corregido por nadie. Quizás esa fue la razón por la cual, a pesar de pedir y recibir cantidades millonarias de dinero durante años "para la construcción del templo", éste nunca se llevó a cabo. El dinero fue a dar a los bolsillos del pastor y todos lo sabían.

El hecho que finalmente les abrió los ojos a Samuel y a su esposa y que los ayudó a entender que el lugar en donde estaban era realmente una secta, fue algo relacionado con la salida de una congregante que él conocía: la señora Del Carmen, de quien hablamos al principio. Si este hecho no hubiera ocurrido, Samuel quizá seguiría en Betania. Esto fue lo que sucedió:

Violeta Del Carmen, una fiel miembro de esa iglesia y a quien Samuel respetaba mucho, decidió un día congregarse en otro lugar. Las razones que ella tuvo para hacer esto fueron dos: por un lado, ella no podía seguir aguantando la presión económica, pues carecía de recursos. En segundo lugar, sentía que las enseñanzas del pastor Hernán no la alimentaban espiritualmente. Hasta ese día ella siempre había tenido muy buen testimonio y no había nada de qué acusarla. La señora Del Carmen le comunicó al pastor su decisión de congregarse en otro lugar, y se despidió de él.

Lo que siguió a continuación fue una reacción típica de las sectas. La hasta ese día respetable hermana, fue difamada y calumniada en una forma terrible por el pastor tanto desde el púlpito como abajo de él. Inmediatamente se trató de poner a toda la congregación en contra de ella con el fin de que nadie fuera a seguir su ejemplo y salirse. Un clima de miedo se empezó a crear, y aquellos que estaban empezando a darse cuenta de los fraudes y abusos económicos se asustaron y decidieron seguir callados.

A Samuel Rivas le preocupó lo que estaba pasando. Él conocía muy bien a la hermana Del Carmen y sabía que su reputación estaba siendo manchada en una forma muy injusta. Le preocupó también que el pastor, predicara mucho del amor en el púlpito y mientras tanto atacaba e insultaba a una madre de familia respetable por el simple hecho de haberse cambiado de congregación.

"Uno podía darse cuenta del rencor que el pastor sentía por ella", comenta Samuel. *"¡Y en el púlpito siempre hablaba de amor y amor!"*

Esto ayudó a que terminara de abrir los ojos:

"¿Por qué actúa así?", pensaba. *"Entonces, todo era mentira, pura apariencia; palabras hipócritas para esconder su rencor"*.

Sorprendido por la reacción tan agresiva del pastor y estando ya más consciente de los fraudes y de la fuerte explotación económica a que se estaba llevando a las personas, Samuel decidió también salir de Betania y presentar su renuncia como miembro de la directiva. En la última plática que sostuvo con el pastor, decidió cuestionarlo respetuosamente sobre su comportamiento. La respuesta que le dio el pastor fue una frase típica de los líderes que acostumbran evadir la responsabilidad moral por sus acciones: *"Tú no te fijes en mí, pon los ojos en Jesús"*, dijo con aire despreocupado pero consciente de la fuerza del popular cliché.

Era exactamente el mismo sofisma que el pastor había usado cuando un grupo de creyentes le reclamaron que Guillermo estuviera presidiendo en la reunión dominical aun viviendo en adulterio con varias mujeres. *"No se fijen en el hombre"*, les dijo él en forma convincente. Y le funcionó. Desde su punto de vista no importaban los deplorables ejemplos que decenas de adolescentes estaban recibiendo al ver esa conducta, ni el riesgo para otras mujeres de la congregación al exponerlas a los voraces apetitos del adúltero líder. Mucho menos le importaba el honor de Dios, a quien decía representar, el cual estaba siendo manchado ante toda la comunidad.

La plática con el pastor Hernán prosiguió y a ella se añadieron dos amigos de Samuel que venían del grupo cristiano a donde se había ido la hermana Del Carmen. La idea era apoyar a Samuel en los cuestionamientos que le quería hacer a su pastor. La escena se desarrollaba en un ambiente amistoso cuando el ingeniero Hernán, visiblemente ofendido de que Samuel tuviera contacto con cristianos de otros grupos, comenzó a agredirles verbalmente. Alterado y con el rostro encendido en ira, el pastor se fue molestando cada vez más hasta que se puso de pie en forma amenazante. Era incapaz de sostener un diálogo pacífico. *"Siéntese"*, le pedía una y otra vez Samuel sin lograr tranquilizarlo, *"usted es pastor, vamos a platicar con calma"*. Sin embargo, todo era en vano. El que hubieran cuestionado su conducta, parecía haberlo sacado de sí. El intento por dialogar con él continuó hasta que finalmente y sin poder controlarse, el pastor Hernán se dirigió a la puerta de salida y exclamó con un grito: "*¡Váyanse al diablo!*". Después sólo se oyeron las llantas de su auto rechinando, mientras se alejaba a toda velocidad de casa de Samuel. Ésa fue la última vez que lo vio.

Actualmente, Samuel ha aprendido una lección: que hay sectas donde hombres avaros que no desean darle a nadie cuentas de sus hechos se disfrazan de cristianos para manipular a la gente y extraerle su dinero. También sabe ahora que hay líderes que aunque predican de amor desde el púlpito se transforman en barbajanes cuando alguien pretende cuestionarlos. Samuel se reúne actualmente en otra comunidad cristiana, tiene una vida espiritual estable y está contento con los progresos que ha hecho en su vida. Lo único que le preocupa es que algunas personas que él conoce y estima sigan siendo engañadas bajo el liderazgo autoritario del "pastor" Hernán, atemorizados de cuestionar sus fraudes y malos manejos económicos.

En los últimos años, su liderazgo en la Iglesia Betania ha ido dejando una estela de confusión, dolor y decepción en muchas personas que han asistido allí. Los fraudes, los malos tratos y la manipulación económica han hecho que haya gente que hoy no quiera saber nada del cristianismo.

El triste hecho de que existan líderes religiosos que utilizan sus posiciones para enriquecerse y sacar provecho personal es muy común. Estudios y estadísticas actualizadas sobre abusos religiosos indican que la explotación económica ocupa, por mucho, el primer lugar en incidencia.

Contrariamente a lo que se pudiera pensar, este tipo de abuso, no sólo se da en contra de personas poco educadas y con escaso nivel de recursos. . Ocurre muy frecuentemente también en organizaciones a las cuales pertenece gente culta, preparada y de buena posición económica. Como un ejemplo de esto, a continuación reproduciré parte de una carta en donde un matrimonio, ambos profesionales, narra con preocupación lo que sucedió en su iglesia, un pequeño grupo de clase media llamado "Puerta de Fe", ubicado en una ciudad tropical de aproximadamente medio millón de habitantes.

La iglesia era pastoreada por un amable y simpático pastor que venía representando a uno de los movimientos cristianos de "Fe y Prosperidad" más prestigiados de ese país. El período en que sucedieron los hechos corresponde a los años de 1991 y 1992 cuando el citado pastor tenía asignado un sueldo de alrededor de dos mil pesos mensuales, más lo correspondiente a la renta de una cómoda vivienda, un ingreso que en aquel entonces y en esa zona, era considerado generoso y por arriba de la media.

—*Se ofrendó para la construcción del templo, un juego de aretes y anillo de rubíes y brillantes los cuales quedaron en poder del pastor Rodrigo del Olmo, se le pidieron pero no los regresaba hasta que se le informó a sus superiores. Los devolvió cuando lo retiraron del púlpito.*

—*Una mujer de la congregación vendía joyas y el pastor Del Olmo le compró algunas para su esposa; al cobrarle la cuenta él le abonó con un juego de aretes y anillo de zafiros los cuales también eran donación pro-construcción. En otra ocasión, la vendedora de joyas le entregó al pastor una ofrenda para la compra de instrumentos musicales y él le dijo que mejor la abonara a cuenta de su deuda personal y él reintegraría esa cantidad después.*

—*Otra congregante donó pro-construcción una vajilla valuada en 325 pesos, la cual el pastor nunca regresó ni pagó su valor.*

—*En una ocasión se le entregaron al pastor Del Olmo 400 pesos para que le diera una ofrenda al predicador invitado. No la entregó, ni tampoco se recuperó el dinero.*

—*Se le entregaba al pastor el dinero de la renta de su casa y nos enteramos después que no había pagado por tres meses, los cuales se le tuvieron que pagar al rentero, que era congregante, con dinero de la tesorería.*

—*En una ocasión pidió mil pesos para dar de anticipo de un viaje misionero que él haría a España, el cual nunca hizo ni devolvió el dinero.*

—*A una viuda de la congregación (Luz María Bernal Viuda de Rivapalacio) le pidió prestada una camioneta Guayín para su uso personal, luego la convenció de que se la vendiera y finalmente la presionó para que se la regalara. Además, visitaba la casa de esta viuda cuando ella estaba ausente y se llevaba objetos como antena, televisión, etcétera Cuando ella se enteraba y se los pedía, no los regresaba.*

—*Tres jóvenes de nuestra congregación (Enrique Saldaña García, Juan Carlos Hinojosa y David Barza Rosales) estudiaban en el Instituto "Éxito y Prosperidad" A.C. El tesorero le entregaba al pastor Del Olmo las cantidades de dinero para que las enviara a México, D.F., donde estudiaban, pero cuando venían los estudiantes nos enteramos que las colegiaturas se debían porque el pastor no enviaba el dinero y disponía de él para sus gastos personales"*.[1]

La carta termina explicando la incomprensible reacción que tuvieron los superiores del pastor Del Olmo cuando fueron informados de los cuantiosos fraudes y abusos de confianza que éste venía realizando. Ellos sencillamente culparon a la congregación "Puerta de Fe" de haberlo "orillado" a robar el dinero al no proporcionarle un sueldo "suficiente" para cubrir sus necesidades, entre las cuales estaban, por cierto, la de tener una computadora personal para jugar video juegos en horas de trabajo.

Aunque en 1991 su salario más la renta de una casa, eran más que suficientes para vivir dignamente, lo más sorprendente

---

[1] Carta del Ing. S. y la Dra. R. al Departamento de Investigaciones sobre Abusos Religiosos. Las cantidades de dinero especificadas se han adaptado al tipo de cambio actual. Tómese en cuenta que la inflación acumulada cuando sucedieron los hechos era bastante menor. Por ello dichas cifras tendrían mucho mas capacidad adquisitiva hoy en día.

de todo es que los superiores de Rodrigo Del Olmo no sólo responsabilizaron a la Iglesia y lo eximieron de culpa, sino que exigieron a la congregación *que se le aumentara el sueldo cincuenta por ciento más* y le siguieran pagando la renta de su casa. Además anunciaron que seguiría como su pastor. La mesa directiva de la iglesia, entre la cual estaba el ingeniero que nos escribe, rechazó la propuesta por inmoral y pidió que se les enviara otro pastor que no hiciera fraudes. Con renuencia, los superiores aceptaron y retiraron al pastor Del Olmo, comprometiéndose a que "se pondría a trabajar" para pagar lo robado.

Los congregantes de "Puerta de Fe" esperaron en vano. Pasaron los meses y los años y nunca pagó. El pastor simplemente fue *cambiado* de congregación con la bendición y aprobación de la alta dirigencia de su organización, un grupo por cierto, con influencia de los llamados *tele-evangelistas de prosperidad* de Estados Unidos, famosos por su voracidad y mercantilismo religioso.

5

María Luisa:
Crónica de una infamia

—*¿Y a quién va a nombrar usted como heredero substituto de su herencia?* —preguntó el notario público al anciano campesino cuyo testamento estaba redactando.

Centenarios de oro, ranchos, fincas, locales comerciales… se trataba de una fortuna nada despreciable. Bartolo Jaramillo era millonario y tenía dos amores en su vida: su esposa, quien pronto enviudaría, y su iglesia: la católica. Así que sin pensarlo dos veces nombró heredera universal a María Luisa Montoya de Jaramillo y como heredero sustituto al padre José Luis Parra, su sacerdote de cabecera.

Con pleno conocimiento de que el artículo 130 de la Constitución prohíbe que los ministros de culto de cualquier religión hereden por testamento (a menos de que se trate de un familiar), el licenciado Jorge Chaurand Arzate, dueño de la Notaria Pública No. 39 de Celaya, Guanajuato, redactó, selló y registró el testamento de Don Bartolo. El sexagenario jamás imaginó que en poco tiempo su anciana esposa quedaría en la miseria, sin un centavo para mantenerse y ni siquiera un cuarto de su propiedad para morir.

—*Fírmele aquí* —dijo el notario, quien fungía al mismo tiempo como abogado del Obispado de Celaya. Así, el sacerdote Luis Parra —tal como antes se le había sugerido a Don Bartolo—, quedó como heredero en el testamento. Con tal ilegalidad quedó fraguado el que sería un fraude de cientos de miles de dólares —uno de los mejores documentados en la historia contemporánea—. Sólo era cuestión de tiempo para que millones de pesos, que en tres años serían propiedad de la viuda, empezaran a ir a parar a los bolsillos de Luis Parra y a las arcas de la Diócesis de Celaya. Como garantes de la impunidad estaban el obispo Humberto Velázquez, el Tribunal Eclesiástico y las autoridades gubernamentales locales. El crimen perfecto.

Bartolo Jaramillo murió el 1 de junio de 1983. Doña María Luisa, enferma, sin hijos, y con escasa educación, aceptó la sugerencia de sus líderes espirituales y nombró —otra vez con el beneplácito del notario— al padre Luis Parra como *administrador general* de sus bienes. ¿No había confiado en él su esposo como para nombrarlo heredero sustituto? Había que respetar la voluntad del difunto y María Luisa, católica de toda su vida, no dudó un minuto.

A cambio de administrar sus bienes, el padre Luis prometió cuidarla en su vejez y atender sus necesidades espirituales. De esa manera, la liberaría de las presiones de tener que administrar once céntricos locales comerciales, nueve fincas y casas habitación, un enorme rancho, además de varias cuentas de banco, antigüedades y joyas —entre ellas una fortuna en centenarios de oro—.

De inmediato, el sacerdote y el abogado de la mitra comenzaron a preparar documentos diversos, algunos en blanco, para que la viuda los firmara. María Luisa vivía contenta por el privilegio de contar, en sus últimos años, con un sacerdote cerca, en quien confiaba ciegamente.

DOCUMENTOS COMPROMETEDORES

Algunos documentos notariados son interesantes. En el grueso expediente judicial del caso se encuentran registros de supuestas compra-ventas de fincas y locales comerciales que curiosamente hoy están escriturados a nombre de la esposa e hijos del padre Luis Parra. Los habitantes del centro de la ciudad de Celaya lo confirman.

—*¿Quién es el dueño de estos locales?*

El comerciante de una conocida avenida de Celaya respondió sin chistar:

—*Son del sacerdote, del padre Luis Parra. Bueno, de su esposa.*

—*¿Y antes?*

—*Eran de la señora María Luisa Montoya.*

Es un secreto a voces, pero prefiere no decir más; sin embargo, otros ni siquiera se atreven a mencionarlo. En ciudades del Bajío mexicano como Celaya, una zona tradicionalista y de mayoría católica, criticar públicamente al clero, por lo general aliado histórico de gobernantes y caciques locales, puede ser riesgoso. El ingenio popular ha optado mejor por inmortalizar las historias de curas ladrones y lujuriosos en anécdotas y chistes basados en arquetipos. Es más seguro y en cierta forma sirve de catarsis.

El expediente penal *2/J.Z.V./96*, abierto en la agencia No 11 del Ministerio Público de Celaya tiene más datos curiosos. A diferencia de muchos sacerdotes que viven a escondidas su amasiato o concubinato, Luis Parra optó por darle la cara a la sociedad y eligió casarse por lo civil —por la iglesia le está prohibido, ya que al ordenarse hizo el voto de celibato vitalicio— con María de la Luz Pérez. Por lo mismo, sus cuatro hijos, dos mujeres y dos varones, no tienen que cargar con el oprobio social de ser hijos anónimos del cura del pueblo, ni se les impide ver a su papá. No, todos están debidamente inscritos ante el Registro Civil. Sus nombres son José Luis, Rosa Linda, Luis Fernando y Elizabeth Paola, todos Parra Pérez, y a nombre de ellos y de su madre, están registradas una buena parte de las caras propiedades del difunto Bartolo Jaramillo.

De acuerdo a la Inspección Ocular del Protocolo de la Notaría Pública No. 39 practicada por la Procuraduría de Justicia del Estado de Guanajuato el 3 de noviembre de 1994, en algunos casos el notario cómplice de Luis Parra ni siquiera se molestó en registrar un precio en las escrituras de "compra-venta". En el volumen LXVII, foja 21, con la escritura 8055, el espacio del precio está en blanco. En otras está registrada una cantidad sólo con lápiz. Se trataba, pues, de documentos preparados *ad hoc* con el descuido necesario para alterarse a conveniencia, en el improbable caso de que la anciana católica se atreviera alguna vez a interponer una demanda.

EL SAQUEO

El cura y sus cómplices trabajaron rápido. A cuatro años de haber recibido su herencia se había esfumado el equivalente a casi medio millón de dólares de las arcas de María Luisa. Cuando lograron sacar hasta el último centavo de sus cuentas bancarias y cambiaron de nombre todas y cada una de las propiedades de la anciana, Luis Parra decidió llevársela "de vacaciones". En vez de eso, la fue a botar con unos familiares de ella en Yuridia, Guanajuato, para que "se la cuidaran". La salud de María Luisa se había deteriorado y necesitaba de atenciones especiales; era obvio que no le quedaba mucho tiempo. Quizás moriría en Yuridia y caso cerrado. Otro "crimen perfecto" en el nombre de la fe.

Pero los familiares de María Luisa eran pobres y Luis Parra no les había dejado para los gastos. Así que se les hizo natural ir a pedirle al sacerdote para las medicinas. Tajante y seco, el padre Parra los echó y se desentendió del asunto. Pronto se corrió la voz del caso de la anciana y otros familiares residentes en Celaya se movilizaron para ayudarla. ¿María Luisa sin dinero? ¡Pero si el difunto Jaramillo le había dejado una fortuna!

Con incredulidad y azoro empezaron a armar el rompecabezas.

A sus 76 años, hospedada en casa de su sobrina Sara Montoya, María Luisa reunió las fuerzas que le quedaban y acudió a la sucursal de su banco para pedir su saldo y ver con sus propios ojos los últimos movimientos bancarios de sus ahorros e inversiones.

—*Su cuenta no tiene nada* —le contestó el gerente de Banamex—. *Su cotitular, el padre Parra, la canceló y sacó todo lo que había con un cheque de caja.*

El gerente comenzó a revisar papeles ante el asombro de la anciana, le informó que el cheque se había cobrado y le mostró los documentos. No quedaba nada.

María Luisa comenzó a entender. Desde junio de 1993 había notado raro al padre Parra; cada vez más desentendido de ella. Fue por ese entonces que la fue a dejar con su familia en Yuridia. La fecha en que acabó de vaciar sus cuentas de banco coincidía.

Sara Montoya era también católica devota y decidió hacer primero lo que le pareció más lógico: interponer una denuncia eclesial ante el Obispo de Celaya, Humberto Velázquez Garay, para solicitar que Parra devolviera de inmediato todos los bienes a su tía.

EL ENCUBRIMIENTO DEL TRIBUNAL ECLESIÁSTICO

Sara, una escritora culta que conocía personalmente al entonces nuncio papal en México, Girolamo Prigione, no dudó de que su queja sería atendida.

El obispo escuchó su denuncia, pero en vez de dirigirla a las autoridades civiles indicó a las Montoya que el asunto debería tratarse "internamente", así que transfirió el caso al tribunal eclesiástico de la Diócesis.

De allí empezaron interminables y desgastantes "negociaciones", peticiones, presiones, lentitudes burocráticas, pretextos.

Finalmente llegó el día esperado. El juicio eclesiástico se realizó en la presencia del obispo Velázquez Garay, los sacerdotes Lauro Gómez Z., Luis Muñoz, y el licenciado y notario Jorge

Chaurand Arzate. Fue hasta entonces que las dos mujeres se enteraron que el notario —quien fungió en el juicio como juez y parte— era apoderado legal de la Diócesis de Celaya. Lo que siguió fue una escena reminiscente del medioevo. El cínico abogado estuvo todo el tiempo justificando el despojo, y los otros curas defendían a capa y espada la conducta de Luis Parra. De nada valió la valiente defensa que Sara hizo del caso de su tía, ni las abundantes pruebas que presentó.

UN RUEGO DESESPERADO

María Luisa salió de allí más confundida, y quedó muy afectada emocionalmente. Se sentía traicionada por los líderes de su propia iglesia. Lo que más le dolía de sus bienes era la casona, la finca en donde había vivido con Bartolo Jaramillo. Llena de recuerdos y memorias gratas, de muebles y objetos personales que apreciaba, la casa significaba mucho para ella y anhelaba vivir allí el poco tiempo que le quedaba. Antes de demandar penalmente, decidió negociar aunque saliera perdiendo.

—*Quédense con todo, padre, quédense con todo. Sólo le pido que me devuelvan la casa donde viví con mi esposo* —pidió desesperada.

—*No* —respondió rotundo el Obispo.

La casa no era un botín despreciable. Para la anciana tenía un valor simbólico, pero el padre Parra sabía que contenía tesoros más terrenales. Se trataba de una extensa finca y dentro estaban valiosas pinturas de Eduardo Tres-Guerras, antigüedades, muebles caros y las alhajas de María Luisa. Más que todo eso, estaba interesado en los centenarios, cientos de monedas de oro que el campesino Bartolo, aquel hombre que, a la antigüita, no confiaba del todo en los bancos ni en el papel-moneda, había atesorado año tras año, década tras década, como reserva. Por si acaso.

CHANTAJES Y AMENAZAS

Las Montoya, por supuesto no habían quedado conformes con el veredicto del tribunal eclesiástico. Se sentían doblemente agraviadas y los curas se dieron cuenta. De inmediato comenzaron, primero disimuladamente y luego de manera más agresiva, las clásicas presiones y amenazas religiosas para disuadir cualquier posible demanda civil y "que ya le pararan" de contarle a la gente sobre lo que había pasado.

Aprovechándose de su investidura clerical, un día insinuaban castigos divinos si acudían a demandar al padre Parra ante los tribunales; otro, trataban de chantajearlas con sentimientos de devoción a Dios y a la iglesia católica. Como si denunciar a un bandido y sus secuaces, fuera demandar a todos los católicos. Como si fueran a demandar al mismo Dios.

El tiempo transcurría, y con él, la posibilidad de que el delito prescribiera penalmente. Para dilatarlo aún más, los líderes religiosos a veces les daban esperanzas. "¿Los demandamos penalmente?", se seguía preguntando aún indecisa Sara. Estaba renuente a demandar a un líder de su iglesia, pero la injusticia le parecía monstruosa.

María Luisa, quien vivía en un cuartito en casa de ella, estaba cada vez más nostálgica por la casa de su esposo. La espera la estaba deprimiendo.

LA CARTA AL EMBAJADOR DEL VATICANO

Mil pensamientos continuaban cruzando por la mente de Sara Montoya. Temores a pecar, pero también al poder político del obispo que con tanto esmero encubría junto con el abogado el despojo millonario.

"No, todavía no", se dijo, y se puso a escribir una larga carta al nuncio Girolamo Prigione, entonces embajador del Vaticano en México. Lo había conocido personalmente en eventos de la alta sociedad guanajuatense. Incluso no era inusual que se hospedara en uno de los ranchos de la familia Montoya cuando viajaba por el Bajío. "Seguro él va a intervenir", pensó y mandó la carta. Nunca recibió ni acuse de recibo. Entonces decidió escribir directamente al Papa. Se topó con el mismo silencio.

Aunque en ese momento no lo sabían, las Montoya estaban atravesando por el dilema que miles de personas tienen que enfrentar cuando caen en las garras de pastores que abusan, y las estructuras religiosas que los protegen. ¿Cuál es la diferencia entre la lealtad y la complicidad con una institución religiosa? ¿Demandar a un líder que delinque equivale simbólicamente a demandar a toda una iglesia? ¿Qué de las otras víctimas, reales o potenciales, si me callo? ¿Y qué de la justicia? ¿No se supone que las iglesias tienen un compromiso con la equidad y justicia? ¿Tiene derecho una organización religiosa a que sus líderes roben, abusen, pisoteen conciencias y después demandar silencio y sumisión para proteger obsesivamente su imagen institucional?

UNA DEMANDA CONTRA EL SACERDOTE

Las Montoya resolvieron sus dudas. Corría el 31 de enero de 1994 cuando María Luisa acudió con piernas temblorosas a la justicia terrenal para solicitar que pusieran tras las rejas a un supuesto representante divino y sus cómplices y le devolvieran lo que le pertenecía. El Ministerio Público recibió la denuncia de hechos.

Sara Montoya acompañó a la anciana, y juntas presentaron pruebas documentales contundentes. La averiguación previa por el delito de fraude quedó asentada. El caso estaba tan claro que sería la envidia de cualquier abogado; estaba prácticamente ganado de antemano, así que fueron a casa a descansar.

Se dice que en algunos países de Latinoamérica la justicia es lenta y México no se distingue precisamente por tener bajos niveles de corrupción. Sin embargo, cuando el caso involucra a algún líder religioso suelen pasar cosas extrañas.

Lo primero que Sara Montoya notó fue una sospechosa lentitud en las investigaciones. Si se hubiese tratado de un delincuente sin sotana, hubiera sido encarcelado con relativa velocidad. En contraste, al sacerdote Parra se le trató como si tuviera fuero. Pasaron más de ocho meses para que en vez de detenerlo simplemente se le *invitara* a declarar.

Individuo poco sofisticado, aún así el padre Parra cayó en contradicciones y hasta se autoincriminó.

Mientras eso sucedía, Sara había fundado la asociación civil "María Luisa, A.C." con el propósito de hacer conciencia entre la sociedad de Guanajuato, del abuso perpetrado contra la viuda católica y ganar apoyo moral para su causa. Eventualmente, las metas de su asociación se ampliaron hasta brindar atención a ancianas solas, víctimas de fraudes por parte de líderes religiosos.

La sospechosa lentitud de las autoridades judiciales se debía —de acuerdo al abogado de las Montoya— a que el obispo de Celaya estaba usando sus influencias políticas. Para ese entonces se inició una campaña de calumnias y rumores en la parroquia a la que asistían. Los argumentos para desprestigiarlas venían como por oleadas. "Malas católicas", "cómo se atreven a demandar a la madre iglesia", la lista era interminable.

AMENAZAS DE EXCOMUNIÓN

Las mujeres recibían "recados" del obispado en que les advertían que si no retiraban la demanda las iban a excomulgar por dañar la reputación de la iglesia. Al otro día se les acusaba de crear divisiones. Ante el clima hostil tuvieron que dejar de asistir a la parroquia. Mientras tanto, a varios kilómetros de allí,

Luis Parra oficiaba misa, administraba con tranquilidad su recién adquirida fortuna y dormía por las noches con su esposa.

"Excomulgadas", "vamos a ser excomulgadas". La amenaza más temida que puede escuchar un católico devoto, resonó en la cabeza de Sara Montoya. Como muchos feligreses, desconocía los intrincados y a veces indescifrables estatutos del Derecho Canónico, y por lo tanto no sabía que era una amenaza sin sustento alguno.

Pero por alguna razón la amenaza no la amedrentaba como lo hubiera hecho antes. Había perdido aquel hechizo que antaño hizo que en Europa aun los reyes temblaran y se sometieran ante cardenales, obispos y Papas por miedo a perder el alma o sufrir repercusiones políticas.

Paradójicamente, el cinismo del padre Parra y el encubrimiento del obispo Humberto Velázquez habían liberado a las Montoya del temor supersticioso a las amenazas de cualquiera que se dice representante de Dios.

El juicio eclesiástico en que ellas habían cifrado tanto su esperanza había sido un circo, una burla a los más elementales principios de humanidad y justicia en que ellas creían. El silencio del Vaticano ante una viuda despojada que deprimida rogaba su intervención para que los curas le regresaran al menos su casa para pasar allí sus últimos días, había terminado de abrirles los ojos.

Para las Montoya, la credibilidad de sus ministros como genuinos representantes de Dios había dejado de ser el dogma y la tradición. Su credibilidad se basaba más bien en sus acciones. ¿No había dicho el mismo Jesucristo "por sus frutos los conoceréis"? Una mafia que despojaba viudas en el nombre de Dios les impresionaba poco y en sus labios la amenaza de "excomunión" sonaba hueca. Les sonaba a un artilugio más para intimidar y encubrir.

No quitaron la demanda.

María Luisa se deterioraba por la nostalgia y la tristeza mientras el caso judicial se movía como caracol, dejando tras de sí una baba pestilente de corrupción y desinterés.

UN GIRO SORPRESIVO

Corría ya el mes de mayo de 1995; el asunto estaba prácticamente "congelado". La esperanza de una resolución favorable se extinguía. El día 26, sin embargo, el caso de las Montoya dio un giro inesperado que terminaría con la sorpresiva detención del padre Parra por parte de la Policía Judicial.

Por esos días, durante un programa especial, un conductor de una popular estación de radio de Celaya abrió sus micrófonos al público para recibir denuncias de casos de violaciones de derechos humanos religiosos. Sara Montoya lo oyó de casualidad y tomó de inmediato el teléfono para hablar a la estación. Cuando entró su llamada denunció durante varios minutos los atropellos de la Diócesis de Celaya contra su tía. El programa era en vivo y muchas personas escucharon el caso. En la cabina, un abogado especialista en defender derechos humanos era el invitado y habló con Sara. Concertaron una cita y las ancianas le explicaron el *via crucis* por el que atravesaban. El licenciado Villaseñor decidió tomar el caso, sin cobrarles un centavo.

"*Cuando vi el expediente no lo podía creer*", comentaba al otro día. "*Es una burla a la justicia*". De inmediato, Villaseñor interpuso una denuncia ante la Comisión Estatal de Derechos Humanos para que investigara por qué se obstaculizaba la impartición de justicia a las Montoya e inició una nueva demanda penal por fraude en agravio de María Luisa.

"*No se puede hacer nada en ese caso*", le respondió días después la Procuraduría de Justicia de Guanajuato. "*El delito ya prescribió*".

"Más bien lo dejaron prescribir al dejar correr el tiempo", decía en su despacho el licenciado Villaseñor al recibir la notificación, *"por eso hemos pedido que intervenga la Comisión de Derechos Humanos"*.

Decir que un delito ha prescrito significa en términos legales que expiró el plazo para que las autoridades investiguen y procedan. Las estratagemas de dilación de Luis Parra y el Notario N°. 39 de Celaya habían surtido efecto gracias a la complicidad del obispo y las autoridades civiles.

Según la ley federal que regula las Asociaciones Religiosas, ninguna iglesia, templo, o secta puede promover conductas contrarias a la salud o dedicarse a fines ajenos a su misión religiosa. Si se demuestra que una organización tiene fines políticos o de explotación económica puede, además de perder su registro, recibir sanciones que incluyen el cierre de sus templos y fuertes multas. El licenciado Villaseñor y su bufete jurídico consideraban que había suficientes pruebas de contubernio entre el sacerdote Luis Parra, el tribunal eclesiástico de Celaya, el obispo y el notario abogado de la mitra para despojar de cientos de miles de dólares a una anciana, aprovechándose de su fe.

El caso era, pues, competencia de las autoridades judiciales del estado y también de la Secretaría de Gobernación. Ameritaba una investigación federal ¿Cuántas viudas más como María Luisa había en el estado de Guanajuato? ¿Cuántas callaban por miedo a la "excomunión" o a causa del temor supersticioso?

Para principios de agosto de 1995 el licenciado Villaseñor presentó una demanda ante el gobierno federal contra Luis Parra y la Diócesis. Las autoridades, como es costumbre, guardaron silencio. Los abogados estaban considerando acudir a la Comisión Nacional de los Derechos Humanos y a instancias internacionales para que intervinieran, cuando otra providencial intervención de los medios de comunicación cambió de nuevo el panorama.

SE DESTAPA LA CLOACA

A cientos de kilómetros, Verónica Velasco, conductora de un conocido programa de televisión, preparaba un reportaje especial. Se trataba de *Expediente 13/22:30*, que se transmitía en cadena nacional, incluyendo al estado de Guanajuato y tenía bastante audiencia. Producido por Argos y TV Azteca, era un programa serio que se tituló "En nombre de la fe". Se trataba de documentar cómo líderes de cualquier credo pueden manipular las creencias para explotar, económica o sexualmente, a los feligreses.

—*Discúlpeme, pero en esa fecha no podría asistir* —le respondí a la amable asistente de producción que me invitaba a una entrevista para dar mi punto de vista.

La primera edición del libro *Pastores que abusan* se había publicado en 1994 y para ese entonces se había convertido en un *best seller* internacional y había servido de inspiración para varios programas de radio y televisión. Los medios de comunicación mexicanos empezaban a notar la importancia de esta problemática. De allí habían surgido entrevistas en *Monitor de la Mañana* —el noticiero radiofónico con más audiencia nacional— y un especial de una hora en Radio Red basado en el libro que había tenido muy buena aceptación.

—*Tenemos presupuesto limitado, pero podríamos pagar sus gastos de avión ida y vuelta...*

—*Muy gentil de su parte, pero no es eso* —interrumpí—. *Estamos apenas a medio semestre del Diplomado de Teología y además de mi clase estoy a cargo de la coordinación del programa de estudios. Pero conozco una asociación de derechos humanos que le puede ayudar.*

Las invitaciones a distintos programas y entrevistas estaban llegando al Instituto casi cada semana y era imposible atenderlas todas sin descuidar compromisos de trabajo.

El licenciado Villaseñor recibió la llamada de los productores de *Expediente 13/22:30* para solicitarle su participación en el programa. Aprovechando la oportunidad, tomó el teléfono para llamar al procurador de Justicia en Guanajuato. "*Televisión Azteca va por allá la próxima semana y lo quieren entrevistar sobre el caso de María Luisa Montoya para un programa que saldrá por Canal 13. Se transmitirá a todo el país*".

El procurador sabía que un reportaje sobre el caso podía poner en entredicho su reputación y afectar su carrera política. Los reporteros pronto llegarían a Celaya a hacer su propia investigación, entrevistarían a la gente y descubrirían todo. Meses antes, las autoridades del estado habían abierto otra investigación contra Luis Parra, ahora por "abuso de confianza" para mantener la apariencia de que se atendía el caso, así que el procurador aprovechó.

La llegada de los reporteros casi coincidió con el arresto del padre Parra por parte de la Policía Judicial. El procurador de Justicia fue entrevistado y cuando el programa de *Expediente 13/22:30* salió al aire el funcionario se anotó un gol publicitario, acusando al sacerdote de despojo por abuso de confianza en agravio de la viuda. Los televidentes ya no se enteraron que el sacerdote salió libre casi inmediatamente con una multa ridícula de mil quinientos pesos que le puso el juez.

—¿*Es cierto que es usted casado y tiene hijos?* —inquirió insistentemente la reportera antes que Luis Parra la corriera de su parroquia.

—*No es cierto* —negó categórico el sacerdote.

ROMPIENDO EL VOTO DE CASTIDAD

Además del fraude a María Luisa, a los comunicadores les llamaba particularmente la atención el hecho de que el padre Parra, siendo sacerdote, estuviera casado y siguiera oficiando misa. A diferencia de ministros de otras tradiciones, los sacerdotes católicos romanos hacen un voto de castidad, el cual juran guardar de por vida. No hacerlo va contra lo promulgado en el

Concilio de Trento en 1546. Este precepto se conoce como el dogma del celibato sacerdotal y no cumplirlo amerita sanciones eclesiales.

De pronto; en un raro momento de transparencia, Parra cambió su versión:

—Sí, tengo hijos —la cámara seguía filmando.

—*No he recibido nada de castigo, nada* —continúo el padre Parra ante el azoro de la reportera—. *Si Pedro pecó*— terminó con una leve sonrisa—, *¡que no fallemos nosotros!*

El programa de *Expediente 13/22:30* resultó un éxito. En él salió entrevistada una valiente y dignificada Sara Montoya, quien relató con claridad lo sucedido a su anciana tía y mostró documentos y pruebas contundentes del contubernio de la Diócesis. Días antes le había llamado al abogado comentándole su temor de que la fueran a encarcelar por lo del programa que se venía. En un contraste casi surrealista, el encargado del tribunal de la Diócesis de Celaya posó para las cámaras de TV Azteca. Con pose de juez y rostro adusto apareció sentado en su escritorio de madera vestido de traje. Con voz mecánica y chillona recitó partes de un discurso oficial que exoneraba al padre Luis Parra. Parecía un personaje salido de otra época. "Este tribunal eclesiástico declara cerrado el caso por falta de pruebas", dijo estentóreamente. Sólo faltó que golpeara con un martillito de juez el escritorio.

La única que no salió entrevistada fue María Luisa. Las cámaras de televisión sólo alcanzaron a transmitir las imágenes de su tumba recién cavada.

Así es, María Luisa murió pocos días antes de que llegaran los reporteros. Justo entre la producción del programa y el viaje a Celaya. No vivió para ver el día en que el cura que la despojó de sus bienes y sus recuerdos pisó —aunque sólo por unas horas— la cárcel. La viuda murió sin un centavo en la bolsa, en un cuarto prestado en casa de su sobrina. Enferma y deprimida por la nostalgia, atemorizada por las presiones y amenazas religiosas, confundida por el trato que recibió de su obispo y su sacerdote de cabecera, las últimas llamas de esperanza de recuperar aquella casa que tanto anhelaba se fueron extinguiendo y con ellas su ánimo de vivir.

CINISMO SIN LÍMITES

La intrépida reportera insistió con otra molesta pregunta ante las cámaras: ahora inquiriría al sacerdote sobre la recién fallecida viuda y su responsabilidad en el fraude.

"*Decían que fue mucha gente al entierro*", reviró irónico "*¡mucha gente! ¡trece personas!*", y soltó una risotada burlona. La imagen del rostro cínico de Parra quedó grabado para la historia en la mente de miles de televidentes. La viuda, ni aun muerta, merecía el respeto de la hiena con sotana. Pocos, sin embargo, entendieron a fondo el significado de sus crípticas palabras. La escasez de asistentes al entierro indicaba que los esfuerzos de las Montoya por ganar simpatía pública para su causa entre la sociedad celayense habían fracasado. El cura veía eso como una dulce victoria personal. Muerta ahora María Luisa, el caso estaba prácticamente cerrado.

Ni el padre Luis Parra ni ningún otro de los responsables del fraude respondió jamás ante la justicia y nunca se devolvió un solo centavo de los cientos de miles de dólares y propiedades robadas.

6

Corrupción e impunidad:
El círculo de la complicidad

Aunque la conducta sociopática del padre Parra puede considerarse hasta cierto punto atípica entre los ministros que delinquen, la experiencia de María Luisa es en muchos sentidos el caso clásico de explotación económica por líderes religiosos voraces y materialistas que cuentan con la protección de sus autoridades religiosas. Observando cronológicamente el curso de este tipo de sucesos, es notorio un patrón de conducta que se repite en muchos casos similares de abuso de poder.

1.- Primero, el líder establece, en base a su autoridad religiosa y a la relación como superior jerárquico, vínculos de confianza con una persona particularmente vulnerable. Con María Luisa se trató de una viuda devota y analfabeta, pero en otros casos las vulnerabilidades pueden ser distintas.

2.- Acto seguido, se explota esa confianza personal basada en la fe o en la superstición, así como la relación de subordinación. En el caso que se acaba de narrar, la explotación fue específicamente de índole económica y peculiarmente inhumana. En otras ocasiones la explotación puede ser sexual y no es extraño que abarquen simultáneamente ambas esferas. El *modus operandi* no siempre es tan dramático y despiadado. A menudo es sutil.

3.- Las complicidades de los allegados de los *pastores que abusan* juegan una parte crucial para implementar y perpetuar dicha explotación. Por lo general se trata de *complicidades pasivas* por parte de asistentes o colegas de los ministros que se dan cuenta de que están ocurriendo ilícitos pero optan por guardar silencio y no hacer nada al respecto. En la casuística de diez años de investigación y habiendo documentado personalmente varios cientos de casos, he encontrado que este tipo de complicidades suele ser la más frecuente. ¿Qué motiva a ministros, diáconos, personal administrativo y otros a permanecer callados ante hechos deleznables?

Las razones pueden ser muchas pero las más frecuentes son:

a) Simple y mundanal cobardía.

b) Falta de empatía hacia los seres humanos que sufren —cosa irónica en ámbitos en donde se supone que los valores cristianos y la justicia son principios primordiales—.

c) Fanatismo por la institución, secta o iglesia a la que pertenecen. Este punto se retoma un poco más adelante por su importancia como razón para callar y aun justificar las vilezas más deplorables en nombre de "proteger la imagen o reputación" de la organización o sus líderes.

d) Complicidad en ilícitos previos. No es infrecuente hallar que ministros, asistentes y creyentes por igual, se encuentren atrapados en un círculo de silencio por haber participado anteriormente en conductas inmorales o ilícitas ellos mismos. Cuando sus superiores jerárquicos han sido informados de ello, o se han dado cuenta, utilizan esos antecedentes para a su vez chantajear a sus subordinados, obligándolos a callar. "Si tú dices lo que yo estoy haciendo, yo digo lo que tú hiciste". A veces ni siquiera los necesitan chantajear, pues es una regla no escrita al estilo de las pandillas mafiosas que quien delata a sus líderes sufrirá la ira de la institución, la cual de inmediato sacará sus "trapos sucios" —y a veces inventará otros— a la luz.

e) Otra causa común de complicidad pasiva —ésta bastante frecuente en el catolicismo—, son las ambiciones profesionales y las metas vocacionales. Como se vio en el caso del psicólogo católico Alejandro García Castro cuando éste se animó a denunciar los abusos sexuales de menores en el colegio donde trabajaba, la gente que opta por romper el silencio y denunciar, ya sea al interior de la organización, y mucho más si esto se hace hacia afuera, no suele obtener premios de popularidad con su grupo religioso. Sus colegas a menudo los etiquetan de traidores y la secta u organización religiosa suele presionarles para que dejen su trabajo o de plano los corren; no es extraño que también los hostiguen judicialmente, antes, durante, o después de denunciar crímenes o irregularidades.

El pragmatismo profesional —la conveniencia de no perder un empleo y/o poner en peligro el futuro de una carrera o vocación ministerial—, a menudo triunfa sobre la ética y el compromiso cristiano de proteger a los más vulnerables de quienes los explotan, fortaleciendo con esto la cultura de la impunidad. Estos comportamientos egoístas crean atmósferas propicias para que ocurran abusos religiosos más graves y frecuentes. No es extraño que los cómplices pasivos lleguen a verse más adelante ellos mismos explotados y se sorprendan a su vez del silencio e indiferencia de otros miembros de la institución. Indiferencia exactamente como la que ellos mismos practicaban cuando otros a su alrededor sufrían atropellos y ellos callaban.

EL CÍRCULO DE LA COMPLICIDAD

La *complicidad activa*, sin embargo, es mucho más nociva y peligrosa que la pasiva, sobre todo cuando involucra a figuras con más autoridad que el mismo ministro que delinque. A menudo la complicidad activa, el participar para favorecer o permitir que se realice o continúe la explotación de un feligrés por parte de un líder religioso, adquiere dimensiones *estructurales*. Esto significa que no es ya sólo un ministro que a título personal abusa de su posición mientras sus colegas o compañeros callan, sino que superiores jerárquicos, o aun oficinas o instancias enteras dentro de la organización religiosa, están en contubernio. Éste fue el trágico escenario en que se desarrolló el drama de María Luisa y ayuda a explicar el descaro e impunidad del abuso, así como el cinismo con que siempre se condujo el padre Luis Parra y sus colaboradores, quienes evidentemente *se sabían protegidos* a todos los niveles.

Todos los elementos del caso de Celaya indican que se trató en primera instancia de un fraude millonario orquestado entre el sacerdote y el abogado de la Diócesis. Los cientos de miles de dólares de que se despojó a la anciana pueden explicar también el desaseo con que se condujo el tribunal de la Diócesis de Celaya y la exoneración al padre Parra, siempre con el beneplácito y complicidad del obispo Humberto Velázquez Garay.

María Luisa Montoya y su familia lucharon por años sin saberlo contra una estructura religiosa amafiada que funcionalmente no difiere en nada de la manera en que operan las sectas destructivas. Juntos, estos sacerdotes explotaron la confianza ministerial y el respeto a la investidura sacerdotal, controlaron el tribunal eclesiástico, manipularon los sentimientos de otros católicos para satanizar a quienes pedían con todo derecho que se resolviera una injusticia escandalosa. Finalmente torcieron el significado de las Escrituras y aun los dogmas católicos para tratar de intimidarlas espiritualmente. Ante esta maquinaria perversa, la viuda y su sobrina nunca tuvieron realmente ninguna oportunidad de ser oídas con equidad y obtener justicia al interior de su iglesia. Todos los mecanismos para reparar o prevenir abusos estaban controlados por el liderazgo amafiado.

DE VUELTA AL OSCURANTISMO MEDIEVAL

La complicidad activa en altas instancias religiosas es la más destructiva contra el feligrés aislado y la más difícil de combatir. Es una estructura eclesiástica perversa que todo lo aplasta.

Cuando una estructura religiosa con fines de explotación se llega a confabular con el poder civil y/o político, sea a través de influencias o a través de sobornos, y frecuentemente de ambos, los vulnerables quedan, *de facto*, en un estado de indefensión absoluta. Por supuesto, si además de esto los encargados de impartir justicia en el gobierno pertenecen a la misma religión y no tienen suficiente ética profesional para hacer las debidas distinciones entre su compromiso de servidores públicos y la lealtad a su fe, sea por superstición, fanatismo, o ignorancia, entonces el escenario se complica terriblemente para quienes son objeto de abusos religiosos.

Si el contexto en donde se desarrollan estas dinámicas es una sociedad poco instruida en los derechos humanos, una sociedad en la cual la cultura de la impunidad y la corrupción están de por sí fuertemente arraigadas, los resultados son catastróficos. Se puede hablar de una especie de *medioevo virtual*, en donde los líderes religiosos tienen fuero especial porque su institución controla tácitamente la impartición de justicia eclesiástica y civil. Lo que equivale a decir que si la jerarquía o un grupo de líderes religiosos se confabulan para explotar a un feligrés o a un grupo de seguidores, tiene todas las ventajas, pues realmente no están sujetos ni a las leyes eclesiásticas ni civiles. ¿El resultado? Impunidad absoluta garantizada y espacios idóneos para explotar las creencias, cometer crímenes y perpetuar las condiciones para que se violen los derechos humanos generación tras generación.

Recapitulando, reflexionemos por un momento en todas las instancias a que acudieron María Luisa y Sara Montoya. Inicialmente la familia de la viuda acudió al padre Luis Parra para solicitarle la devolución de los bienes. Se toparon con una pared. Después, recurrieron a su superior jerárquico, el obispo de Celaya. Éste las mandó al Tribunal Eclesiástico de la Diócesis que está bajo su jurisdicción. Dicha instancia celebró un juicio con otros sacerdotes presentes así como el notario defraudador que fue juez y parte. Todo fue una parodia. El proceso resultó en un intenso desgaste emocional y una pérdida de tiempo crucial para las afectadas que eventualmente llevó a que el delito de fraude prescribiera penalmente.

Cuando al fin y renuentemente las Montoya optaron por denunciar el fraude ante los tribunales civiles de Celaya, la autoridad no actúo y "congeló" el asunto. El siguiente paso fue la intervención de una organización no gubernamental de defensa de los derechos humanos. Ésta reactivó el caso, ya que agrupaciones de este tipo ejercen cierta presión por cuanto no se trata sólo de abogados que litigan, sino de bufetes, activistas y voluntarios que suelen ser motivados más bien por principios que por dinero.

Las autoridades judiciales de Celaya abrieron entonces una nueva investigación, esta vez por el delito de "abuso de confianza", pero aún así no pasó mucho. Cuando por coincidencia una de las cadenas más importantes de televisión nacional realizó un reportaje sobre el tema, entonces el procurador de Justicia decidió arrestar al sacerdote y posar para las cámaras, pero el juez lo dejó libre el mismo día por la risible cantidad de mil quinientos pesos. El programa televisado salió al aire poco después, pero la Procuraduría de Justicia nunca volvió a interesarse en el caso, pues pocos días antes la viuda murió en estado de absoluta pobreza y viviendo de la caridad ajena. Al final, el sacerdote quedó libre y disfrutando de los bienes, lo mismo que el notario que representaba a la Diócesis. El tribunal eclesiástico jamás fue investigado o reconvenido por la jerarquía católica, mucho menos el obispo encubridor. El papa Juan Pablo II y el representante del Vaticano nunca respondieron a las desesperadas cartas que solicitaban su ayuda. La Secretaría de Gobernación, por su parte, recibió la denuncia por violación a la Ley de Asociaciones Religiosas y Culto Público, pero decidió no hacer nada aunque había evidencias que justificaban abrir una investigación formal y aplicar sanciones. La Comisión Estatal de Derechos Humanos, por su parte, jamás investigó a fondo la responsabilidad de los funcionarios del gobierno que incumplieron con su deber de impartir justicia.

¡Qué escena! Años y años de fatigosa lucha, costos legales, una viuda muerta por depresión, dos damas de edad avanzada hostigadas, satanizadas, tildadas de traidoras y el cura que se burla de la muerte de una anciana que años antes le brindó toda su confianza, y a quien fue a tirar como bolsa de desperdicios a un pueblo cuando ya no tenía un centavo más que robarle.

¿Y los resultados concretos en términos de justicia? Risibles.

Veamos:

Un arresto *light* del presunto responsable para las cámaras de televisión, unas horas en prisión y una fianza de mil quinientos pesos. El cura quedó finalmente absuelto por la Magistrada de la sexta sala penal del Supremo Tribunal de Justicia del Estado y él y sus cómplices se quedaron con lo robado.

¿Y el resultado de la justicia eclesiástica? Ésa fue aún más expedita. Absolución instantánea al padre Luis Parra por sus líderes y cómplices. Todo quedó en familia.

Éste es el caso de María Luisa, y como sucede comúnmente, se trata tan sólo de la punta del iceberg. ¿Y las otras María Luisas? ¿Las que no tienen familiares que las defiendan? ¿Las que se doblegan ante la amenaza hueca de la excomunión y prefieren callar aunque sean saqueadas? ¿Las que prefieren el silencio por no perder en su vejez su círculo de amistades al ser estigmatizadas como traidoras a su religión por un líder que manipula a capricho a sus feligreses?

El silencio de las muchas María Luisas que viven en condiciones de opresión medieval es más ensordecedor que las pocas voces que hoy reclaman a voz en cuello un alto a la impunidad.

Se pudiera pensar que difícilmente existan casos de explotación religiosa más dramáticos que el de María Luisa, pero comparado con otros no le fue tan mal. Paralelamente a su drama, en el mismo estado, en la ciudad de León, dos hermanas, también ancianas, tuvieron la osadía de resistirse a que el entonces obispo de León, Rafael García González, las despojara de una valiosa y antigua propiedad que heredaron. La casa estaba situada en un lugar caro y estratégico para los planes expansionistas del obispo, mismo que, por cierto, usó sus influencias políticas para encubrir al célebre padre Juan Manzo cuando abusó sexualmente de varios menores en la escuela-orfanato Ciudad del Niño Don Bosco. Las dos hermanas ancianas no sólo fueron despojadas de su casa, sino que terminaron en la cárcel por órdenes de su implacable obispo. ¿Su "delito"? *Haberse atrevido a oponer resistencia al despojo.* Ambas eran, al igual que María Luisa, católicas.

7

Persecución, difamación e intimidación: Un arma clásica para controlar

Lo que la familia López experimentó en la "Iglesia Apostólica de la Fe en Dios" es una advertencia de los excesos a que puede llegar un pastor que funciona sin limites de autoridad. Su caso involucra no sólo el abuso económico, como sucedió en ejemplos de capítulos anteriores, sino el acoso y hostigamiento contra una familia indígena, compuesta en su mayoría por mujeres. Es un claro ejemplo de los riesgos de estar bajo un liderazgo que acostumbra decir a sus congregantes que *"al pastor hay que obedecerle en todo".*

La señora López, en compañía de sus hijos, asistía a la "Iglesia Apostólica de la Fe en Dios", una congregación que tenía varios años de establecida, con una membresía de alrededor de 200 personas. Con excepción de su esposo, toda la familia disfrutaba de los cultos y estaba involucrada en las actividades religiosas que se desarrollaban en la semana. Las hijas, dos jóvenes de alrededor de 20 años, trabajaban fielmente como maestras de escuela dominical enseñando a los niños, y uno de sus hijos se estaba preparando para el ministerio en el seminario que estaba adjunto. La señora López, por su parte, desempeñaba el cargo de presidenta de la sociedad femenil, y su hermana Elizabeth, una ama de casa de alrededor de 35 años, trabajaba desde 1992 como secretaria del pastor. Toda la familia era respetada y conocida por su carácter servicial y pacífico, en particular la señora López. Ella era tenida como un modelo y ejemplo para los demás. Tanto que a menudo se referían a ella como una de "las columnas" de la iglesia por su antigüedad y soporte moral.

Las cosas dieron un giro inesperado para la familia cuando descubrieron los robos y malos manejos económicos de sus líderes. Insultos, humillaciones públicas y hasta amenazas de golpes, fueron la respuesta de parte del pastor y algunos diáconos para esta fiel familia de servidores, cuando sus miembros decidieron negarse a cooperar en lo que obviamente era un fraude más que dañaría a la congregación.

Los López se habían congregado en la "Iglesia de la Fe en Dios" por varios años. Esta iglesia forma parte de la denominación "apostólica" y está ubicada en una populosa ciudad del sureste cerca de Belice y Guatemala, donde tiene mucha presencia. A pesar de ser considerada una denominación evangélica, el movimiento apostólico ha despertado polémicas dentro de círculos cristianos, por sus enseñanzas unicitarias. Dentro de sus doctrinas hay lo que muchos consideran "legalismo". El utilizar cualquier anillo, aun el de matrimonio, es considerado allí un grave pecado. Las mujeres que no utilizan un velo en la cabeza son vistas como poco espirituales y en general se rigen por un código externo de vestido al cual llaman "santidad". Además atribuyen poder de salvación en sí mismo al hecho de bautizarse en agua, en el cual hacen un gran énfasis. No creen en la Trinidad y mantienen una posición unitaria con respecto a la deidad. Como es característico de toda esta denominación, la "Iglesia Apostólica de la Fe en Dios" se considera a sí misma una iglesia "especial", sus miembros dicen ser poseedores exclusivos de la verdad y como consecuencia *no* permite a sus integrantes tener contacto con gente de otras denominaciones. Es un grupo cerrado.

Cualquier persona que esté familiarizada con el estudio de las religiones, se habrá ya dado cuenta que sus doctrinas se parecen mucho a las de la controversial secta internacional "La Luz del Mundo", una conocida organización que tiene su base en Guadalajara, Jalisco. Sin embargo la denominación apostólica es considerada, como dije antes, una agrupación evangélica por muchos líderes protestantes, mientras que a ésta última se le clasifica por los especialistas como una secta sincrética que adora a un hombre que se presenta como el Cristo encarnado.

Ni a la señora López ni a los demás miembros de su familia les importaron nunca las particularidades doctrinales de su iglesia. Ellos sinceramente asistían a los cultos, participaban en las actividades y buscaban a Dios como les habían enseñado.

"*Teníamos un pastor que nos enseñaba y cuidaba de nosotros*", explica la señora López. "*Se preocupaba por todos nosotros, nos visitaba aun cuando no tenía coche*".

Los problemas comenzaron inesperadamente cuando vino un cambio de líder. De pronto el énfasis de la iglesia comenzó a ser cada vez más el dinero. "*Exigían mucho dinero*", dice María Eugenia López. Aparte de presionar a la congregación para que diera cada vez más para diversas "ofrendas especiales" se esperaba que todas las mujeres trabajaran en el "ministerio de los talentos": allí ellas tenían que cooperar dos veces por semana haciendo y vendiendo comida, tortas y empanadas. Por lo general, el total de la venta era de entre dos y cuatro dólares por día y como era de esperarse, todo iba a parar a un fondo que manejaba el pastor y que supuestamente se utilizaría para construir un templo. Cualquiera de las hermanas que no cooperara con su esfuerzo y con su dinero en "los talentos" (los gastos corrían *siempre* por cuenta de ellas) era mal vista y rechazada por el nuevo pastor Saúl Mena y su esposa Beatriz.

"*Esta señora parecía tener parte del control de la iglesia*", explican algunos de los antiguos congregantes de la "Iglesia de la Fe en Dios". Autoritaria e impositiva, la señora Beatriz acostumbraba organizar pequeñas campañas de burlas y murmuración contra las mujeres que no se sometían incondicionalmente a sus arbitrarios deseos.

"*En una ocasión, hizo esto con el fin de presionarnos y humillarnos a varias mujeres del grupo por cosas tan insignificantes como no haber comprado uniformes y zapatos de colores para cantar en el coro. La razón por la cual no habíamos comprado estas cosas era porque se salía de nuestro presupuesto.*"

Así pasaron los meses. La situación entre la familia López y el pastor Mena comenzó a ponerse tensa cuando él exigió a la congregación una "ofrenda especial" para construir baños nuevos y remodelar la cocina con un equipo integral a todo lujo.

Como las reuniones se llevaban a cabo en una colonia muy pobre y la mayoría de la gente vivía al día, hubo varias personas que no entendieron lo que pasaba. "Para qué queremos una cocina nueva y baños nuevos cuando ya tenemos unos que funcionan", pensaban algunos. Entre los que no estaban de acuerdo se encontraban la señora López y su hermana Elizabeth, pues a ellas como presidenta de la Sociedad femenil y secretaria de la iglesia, respectivamente, se les encargó hacer la colecta entre las mujeres.

Para ese entonces la señora López ya era conocida entre las mujeres como la "pedidora de dinero". Cuando se paraba a hablar ya sabían lo que seguía: "*Va a pedir una ofrenda*", predecían acertadamente. Esta situación hacía que ella se sintiera mal consigo misma, pero el pastor la presionaba para que continuara haciendo colectas frecuentes aun cuando sabía que las mujeres del grupo casi no tenían dinero.

Por su parte, Elizabeth, con un conflicto de conciencia similar al de su hermana, decidió tener una plática con el pastor para decirle que aunque era su secretaria prefería no levantar la cuota para construir la cocina y los baños. Tenía mucho conflicto en su conciencia para seguir haciéndolo. Cada vez que le pedían que pidiera el dinero pensaba: "*Esta gente es muy humilde; ¿para qué querrá tantas cosas?; ¿cómo le pido a esa hermana si no tiene para comer?*" Ella veía que la gente estaba mal económicamente y consideraba que era injusto seguirles pidiendo dinero. Elizabeth sentía que no podía seguir recogiendo ofrendas pues aparte de lo anterior, había venido dándose cuenta que especialmente desde la entrada del nuevo pastor estaban ocurriendo una serie de anomalías y malos manejos de dinero que la tenían preocupada.

Entre esas anomalías estaba un extraño consejo pastoral que ella había recibido en una ocasión en cuanto al *diezmo*. Su marido no era convertido y cuando preguntó a uno de sus líderes si debería diezmar, el consejo fue que lo hiciera a escondidas del marido y después le dijera a él que lo había gastado en comida. Increíble. Le habían aconsejado mentir y engañar a su esposo, algo totalmente contrario a lo que ella veía en la Biblia. Aunque Elizabeth se dio cuenta de que eso no era correcto, decidió hacer caso al consejo para no tener problemas con el pastorado, pues en la "Iglesia de la Fe en Dios" existía la costumbre de poner en un pizarrón el nombre de los congregantes que habían fallado en dar el diezmo, para exhibirlos públicamente.

Pero esto no era todo lo que inquietaba a Elizabeth. Había algo más. La ofrenda de miles de dólares que con tanto esfuerzo se había recolectado durante años "para la construcción del templo", ¡había estado siendo utilizada por el pastor para construirse una casa! Elizabeth se había venido dando cuenta de estos malos manejos y finalmente decidió no participar más. No se prestó para pedir la nueva "ofrenda". Cuando finalmente habló con el pastor y otros miembros del liderazgo para hacerles saber su posición, obtuvo esta curiosa respuesta: *"Al pastor hay que obedecerle en todo, no discutas"*. Ella meditó en lo que le dijeron, pero "había algo que no le daba paz". Así que, junto con su hermana, decidió mantenerse firme en su decisión.

De allí en adelante todo cambió para ellas. Sus negativas a participar en la mentira y en el fraude se interpretaron como "rebeldía". El pastor y su esposa se mostraban visiblemente molestos con ellas en público y cuando en calidad de líderes femeniles hicieron una junta con varias mujeres para finalmente ver cómo podrían solucionar la situación, fueron acusadas de organizar "reuniones secretas".

La señora López y su hermana Elizabeth estaban confundidas y no sabían cómo actuar. No comprendían por qué se les atacaba de esa manera. ¡Habían caído de la gracia del pastor sólo por el hecho de haberse negado a pedir dinero! Ambas comenzaron a orar y pedir a Dios que les mostrara qué hacer. *"Señor, ¿en dónde estás tú?" "Dios mío, ¿en dónde estás?",* oraba en su desesperación María Eugenia. Necesitaba urgentemente una contestación, pues toda su mente daba vueltas con lo que estaba pasando.

La respuesta llegó. A raíz de una invitación que recibió, decidió aventurarse junto con su familia a asistir de visita a una iglesia cristiana cercana. A todos les gustó el ambiente distinto que se respiraba allí y comenzaron a pensar seriamente en cambiarse. De hecho se admiraron al encontrar una atmósfera sin presiones económicas. Como si les comenzará a brillar una esperanza decían para sí mismas *"Sí existe el cristianismo sin avaricia; quizá realmente huy pastores íntegros".*

Cuando el pastor Mena supo que la familia López había estado asistiendo a otra congregación, su reacción no se hizo esperar. En las siguientes semanas la familia fue hostigada recibiendo agresivas "visitas" de parte de los diáconos y del pastor, coercionándola y sometiéndola a una fuerte presión psicológica para que volvieran a la "Iglesia Apostólica de la Fe en Dios". Con el fin de intimidarla, fue acusada con Biblia en mano de ser "divisionista" de "no tener el Espíritu Santo" y de un sinnúmero de cosas más. Sin embargo, estas agresiones sólo confirmaron más a la familia de que lo mejor era no volver a ese lugar.

Las cosas llegaron a tal punto en esas "pláticas" que el pastor inclusive llegó a insultar con palabras ofensivas a la señora

López. En otra ocasión, al encontrarla en casa de una feligrés, le gritó frente a otras personas que se fuera de allí, tronándole los dedos y usando un tono amenazador. También le *prohibió terminantemente* hablar o visitar a los miembros de la "Iglesia Apostólica de la Fe en Dios". Era obvio que al ver que fracasaban sus intentos por hacer volver a la familia, el pastor ahora temía que otros fueran a seguir su ejemplo y dejarán la organización. Su negocio estaba en peligro.

Elizabeth, ahora ex secretaria del pastor, también sufrió un tratamiento similar. Fue ridiculizada públicamente por salirse, amenazada y chantajeada moralmente para forzarla a volver:

"Te doy dos meses para que lo pienses bien y vuelvas al grupo", le dijo el pastor Saúl, *"de lo contrario giraré un boletín a todas las iglesias de nuestra denominación para que no te reciban. Piénsalo bien. Nadie te va a aceptar"*.

Le pesó mucho la amenaza de expulsión. La presión era fuerte.

Los métodos de manipulación no surtieron el efecto esperado. La familia no volvía a la congregación ni tampoco dejaba de frecuentar a sus ex compañeros de la "Iglesia de la Fe en Dios". Entonces la persecución subió de tono. De pronto, el pastor puso un anuncio en el pizarrón de la iglesia denunciando públicamente a la familia López como "satánica". Tanto a Elizabeth como a la señora les aplicó el calificativo de "brujas" y dijo a su iglesia que no hablaran con ellas ni las recibieran en casa porque "ya estaban perdidas". En esa zona de escasos recursos y escolaridad, predominantemente de cultura maya, el anuncio tuvo un fuerte impacto psicológico.

La familia se mostró firme en su decisión de no seguir bajo el liderazgo autoritario de Saúl Mena, pero hubo momentos muy difíciles. En especial para María Eugenia que fue la que recibió mayor cantidad de agresiones. Su confusión llegó a ser tan intensa que necesitó de mucho apoyo de parte de otros cristianos durante esa etapa para poder salir adelante. La doctora Patricia Sainz fue una de las personas clave que la ayudó espiritual y emocionalmente durante este período. Ella misma describió su condición como "crítica y de mucha angustia". Y no es extraño. La última táctica que utilizó el pastor para tratar de intimidarla fue la amenaza de que la golpearía si la volvía a ver en la calle o si se atrevía a visitar a alguna de las personas de *su* iglesia. Tomando en cuenta que él es un hombre alto, de complexión fuerte, y ella una mujer maya de alrededor de 1.50 m., delgada y madre de varios hijos, es fácil comprender el porqué de su estrés.

Al final, la firmeza de la señora López tuvo una recompensa feliz. Logró su libertad y la de su familia. Ellos han encontrado ahora que el cristianismo no es una serie de reglas de vestir y dejarse quitar el dinero como les habían enseñado. Una de las frases favoritas de María Eugenia después de dejar el movimiento apostólico es: *"He conocido a un Dios real"*. Ella entiende ahora el cristianismo como tener una relación personal con Dios a través de Jesucristo y que eso produce amor, paz y una vida recta y feliz. Sabe también que los líderes cristianos genuinos no son personas que viven maquinando fraudes y que se aprovechan económicamente de sus oyentes manipulándolos. La señora López tiene ahora pastores que se interesan en su vida espiritual, no en su dinero. Uno de sus más grandes deseos actualmente es compartir su experiencia con algunos de sus conocidos y amistades que aún se encuentran en la "Iglesia Apostólica de la Fe en Dios". Ella estaría dispuesta aun a correr el riesgo de que el pastor cumpla sus amenazas y la golpee por visitar a sus ex compañeras. El problema es que muchos la rechazan por lo que el pastor ha dicho de ella. De hecho, *está prohibido* hablarle y la gente no se atrevería a desobedecer esta orden pues saben bien que correrían la misma suerte que María Eugenia. Quizá sus nombres se escribirían en el pizarrón de la iglesia diciendo que son "brujas", o tal vez podrían ser agredidas físicamente.

ACTUALIZACIÓN DEL CASO

Después de publicarse la primera edición de *Pastores que abusan*, uno de los principales líderes nacionales de la denominación Apostólica comentó con un profesor universitario, quien estaba enterado del caso, que al leer este capítulo, se le pidió al superintendente de zona investigar el asunto para corroborarlo. El líder le confió al investigador, no sin algo de pena, que en efecto, el caso del pastor Saúl Mena que aquí se narra, es cierto. En otras palabras, la denominación comprobó que uno de sus pastores ordenados realizó un fraude contra mayas pobres pidiendo dinero para construir un templo y que en lugar de ello se construyó una residencia particular. Pocas denominaciones tienen la decencia de iniciar investigaciones a partir de denuncias públicas acerca de las fechorías de alguno de sus ministros. Más raro aun es que un alto jerarca reconozca, aunque sea en privado, que lo denunciado es verdad. Esto es en cierta forma encomiable. Pero nada de eso es suficiente cuando no se regresa lo robado y además se deja al líder en su posición, proveyéndole de un espacio idóneo en donde puede seguir explotando a sus seguidores . Y tal es el caso de Saúl Mena. El jerarca de la denominación Apostólica ha aceptado que a pesar de todo, no hubo procedimientos disciplinarios y se le dejó en su puesto de pastor. En este caso la denominación tiene ya conocimiento de causa y se puede considerar que no solo incurrió en negligencia al no supervisar debidamente al pastor y no atender a tiempo a las quejas de sus feligreses. Incurre también en complicidad en caso de que este cometa fraudes en el futuro.

8

Explotando la relación pastoral: Cuando los ministros adulteran

El joven de aproximadamente 25 años que había solicitado una cita pocos días antes, entró a mi oficina acompañado de un amigo. No llevaba traje, pero venía vestido formalmente. De trato cortés y aspecto sobrio, el rostro apiñonado de Rubén contrastaba con la tez blanca y cabello rubio de su sonriente acompañante.

Contrastaba también por la preocupación que denotaba su mirada.

—*Buenas tardes, ¿en qué puedo servirles?* —dije a ambos mientras les ofrecía un par de sillas frente a mi escritorio.

—*Soy estudiante del seminario anglicano y tengo un dilema que me tiene preocupado* — soltó sin preámbulos Rubén—. *Leí su libro Pastores que abusan, estoy preocupado por una amiga, compañera de estudios. Hay un problema con uno de los profesores.*

—*¿Te estás preparando para ordenarte como ministro?* —pregunté.

—*Sí.*

Una leve sonrisa iluminó un rostro que expresaba determinación y quizás —pensé—, hasta vocación.

En las instalaciones del Centro de Investigaciones del Instituto Cristiano de México atendíamos personalmente, entre 1996 y 1998, un promedio de veinte citas por semana y un diluvio de llamadas telefónicas. Muchas de ellas eran para consultar casos de problemas intra-eclesiales en distintas denominaciones, de derechos humanos, o para tratar de dilucidar y analizar controversias teológicas contemporáneas.

En el transcurso de varios años había visto pasar por las oficinas un variado contingente de ministros, misioneros, estudiantes de seminario y líderes diversos de todos los grupos y denominaciones imaginables. Paralelamente, y en proporciones mayores, nos consultaban simplemente congregantes de distintas confesiones.

Los líderes y ministros por lo común acudían a solicitar información sobre algún nuevo grupo religioso, otros deseaban saber nuestra opinión sobre la ultima doctrina de moda o rito exótico que había llegado al país. Los congregantes en general nos consultaban para lo mismo, pero era notorio el alto índice que lo hacía para relatar problemas por los que atravesaba su iglesia. Muchos resultaban ser asuntos triviales o inconformidades subjetivas, pero a menudo emergían casos reales y muy delicados de abuso.

Por más que el secularismo dogmático desee soslayar o minimizar su importancia, para la gente que toma en serio las cuestiones religiosas y espirituales, los asuntos teológicos, los dilemas éticos, y lo que sucede al interior de sus iglesias reviste una importancia particularmente especial. El mundo en que vivimos, no es sólo postmoderno en algunos países. En cierta forma es simultáneamente *postsecular*, (y en regiones aun premoderno). Esto quiere decir que los factores religiosos están presentes y muy activos en todo el orbe. De hecho, una observación cuidadosa mostrará que son cada vez más relevantes en todos los ámbitos de las dinámicas sociales contemporáneas. Una mirada retrospectiva al 11 de septiembre de 2002 puede bastar para recordárnoslo.

Existe una expansión impresionante de nuevos movimientos espirituales, resurgimientos de muchas antiguas creencias y una increíble producción de novedades litúrgicas, reformulaciones doctrinales del cristianismo y sincretismos diversos. Todo esto trae aparejados, valores, estilos de vida y sistemas de praxis, que pueden ser inocuos, dañinos, o positivos. Para muchos creyentes el *mare mágnum* de tendencias y propuestas contradictorias se traduce en una Babel doctrinal que es fuente continua de angustia existencial. Aún recuerdo la llamada telefónica de una mujer enferma de gravedad que jamás había visto en mi vida. Tenía unos sesenta años y estaba internada en el Hospital Español.

En mi mente está grabado todavía el tono urgente de su voz, la respiración entrecortada, sus palabras cargadas de ansiedad.

—*Necesito que me aclare si Jesucristo fue o no una reencarnación de Krishna* —me soltó angustiada después de una breve presentación personal—. *Estoy muy confundida y tengo semanas así.*

A continuación siguió una larga conversación en donde de manera sucinta traté de examinar con ella las diferencias entre el hinduismo clásico, las enseñanzas del cristianismo, y los contrastes entre los conceptos de reencarnación y resurrección. Fue sólo hasta el final, una vez aclaradas sus dudas, que me confió que su enfermedad era posiblemente terminal y que estaba siendo bombardeada por literatura, folletos y opiniones de bienintencionados individuos. De inmediato identifiqué la mayoría del material como versiones comerciales y americanizadas de hinduismo estilo *Nueva Era*.

La señora no me conocía. A través de una amistad se enteró que había un centro de estudios que proporcionaba información gratuita sobre sectas y religiones; de inmediato marcó el teléfono sin pensarlo dos veces. No volví a saber de ella. Nunca me dio el número de cuarto del hospital ni su apellido.

El concepto de lo sagrado, las nociones de lo divino y las percepciones que de estas realidades tienen las personas, fueron estudiadas en detalle por el teólogo y filosofo de la religión alemán Rudolf Otto.[1] Sus observaciones, consignadas en su obra clásica, han servido de base para muchos antropólogos cuyo enfoque de investigación toma con seriedad como punto de partida las creencias y las experiencias espirituales de los creyentes, por el valor que estas mismas tienen para estos. El contenido teológico, pues, y el acontecer al interior de la iglesia o grupo en donde se nutre la espiritualidad de una comunidad, revisten particular trascendencia para el individuo que practica una fe y tiene determinadas nociones de lo sacro.

Tal era el caso de Rubén, quien había hecho el largo viaje de casi una hora desde el seminario anglicano hasta mis oficinas, cuando bien pudo haber tratado el asunto por teléfono.

—*Soy amigo de una de las estudiantes* —dijo—. *Van dos veces que uno de los maestros se acuesta con ella.*

—*¿Está ordenado como ministro por la Iglesia Anglicana?* —le pregunté.

—*Sí* —respondió. Su respuesta era clave, pues eso indicaba que además de labores docentes, el profesor tenía una relación pastoral y discipular con los alumnos.

—*Tu amiga, ¿cuántos años tiene?*

—*Es más o menos de mi edad. La primera vez que ocurrió, ella tuvo una crisis espiritual y emocional. Resolvió no hacerlo más, pero después él la volvió a buscar y cayó de nuevo. Yo y otros seminaristas hablamos con el profesor y acudimos también con el director, pero él sigue dando clases en el seminario. Creemos que no es ético lo que están haciendo. No sé si nos pueda dar alguna sugerencia.*

La Iglesia Anglicana en Latinoamérica es una comunidad bastante pequeña, pero a nivel mundial tiene setenta millones de miembros y una presencia importante en África, Estados Unidos —a través de la Iglesia Episcopal— e Inglaterra, donde

---

1 Rudolf Otto, *The Idea of the Holy: An Inquiry into the non-rational factor in the idea of the divine and its relation to the rational.* Second Edition (Oxford: Oxford University Press, 1958).

se originó. Su estructura jerárquica es vertical, pero en ciertos sectores puede ser más democrática que otras instituciones y suele ser cautelosa con su prestigio social.

—Creo que lo conveniente es que ustedes mismos inicien un procedimiento formal interno contra el maestro. Concuerdo contigo que no es ético lo que está haciendo. Aunque ella es mayor de edad, él es ministro y tiene ascendencia de autoridad sobre ella —continué.

A diferencia de la Iglesia Católica, los anglicanos permiten la ordenación de mujeres como ministros. Les llaman, de hecho, sacerdotes. Noemí era estudiante de tiempo completo y el que llegase a ser ordenada dependía en mucho de los profesores del seminario.

Además de aprobar los cursos de teología, necesitaría quizá cartas de recomendación; las opiniones y percepciones de sus profesores acerca de su aptitud vocacional para el pastorado, pesarían bastante. En mi opinión era obvio que la muchacha, aunque mayor de edad, estaba en desventaja. De su influyente y adúltero ministro dependía, en parte, su futuro.

Rubén respondió: "Como le decía, ya informamos al director al respecto, pero no han hecho nada".

—*El procedimiento que necesitan realizar ustedes es de tipo formal* —enfaticé—. *Por escrito y con firmas, para que me entiendas, y si el director no ha hecho nada entonces sus superiores necesitan saber que él encubre al profesor.*

Rubén se quedó pensando. Creo que entendía la diferencia entre expresar una queja verbal a iniciar un procedimiento eclesiástico con firmas y lo que esto podía implicar para su propio futuro en caso de que fuera malinterpretado.

—*Si de verdad tú y tus compañeros quieren ayudar a su amiga, al profesor mismo y a tu Iglesia, deben de acudir a cada instancia superior hasta que sean escuchados. Hasta que llegues al arzobispo de Canterbury*[2]*, en Inglaterra, si es necesario.*

Rubén y su acompañante asentían, aunque se mostraban un poco desconcertados.

—*El problema no es sólo la falta de ética del ministro, es también el encubrimiento y negligencia del director. Para serte franco, en realidad no sé si ésta es la primera aventura de tu profesor o si ya lleva tiempo utilizando su posición seduciendo a más muchachas. Es un asunto que tiene que investigar la Iglesia Anglicana, pues aunque el adulterio está contra la ética cristiana, no es delito penado por la ley que dos adultos tengan relaciones sexuales* —continué—. *Rubén, creo que tú y todos los que están enterados de este caso en el seminario tienen la opción de ir moldeando el tipo de Iglesia en que van a trabajar después de que se ordenen.*

El joven era inteligente y se veía genuinamente interesado en lo que pasaba en su pequeña iglesia.

—*No será fácil* —proseguí—, *y seguramente van a tener presiones, pero si insisten, es factible que alguna autoridad con sentido común quite de su puesto a ese profesor.*

Conforme la conversación terminaba, Rubén y yo discutimos algunas posibles alternativas para ayudar a la seminarista a escapar de la relación de explotación. Concluimos platicando sobre el ejemplo de Jesús, quien no temió confrontar a las estructuras religiosas burocráticas de su tiempo y estuvo dispuesto a correr riesgos y a ser estigmatizado por el *status quo*.

—¿*Y si después de todo no logramos nada con los esfuerzos?* —volvió Rubén.

—*Si no logras nada, al menos sabrás en qué tipo de Iglesia decidiste ser ordenado pastor y tendrás que tomar una decisión.*

La cita concluyó. Los visitantes se despidieron. Habían transcurrido dos horas.

---

[2] El arzobispo de Canterbury en turno es, de acuerdo a los cánones de la Iglesia Anglicana, la máxima autoridad eclesiástica de dicha denominación.

Nunca he vuelto a ver a Rubén. Después de nuestro encuentro tuve que trasladarme a otra ciudad a coordinar un curso de teología y perdimos contacto. A menudo me he preguntado ¿se habrá atrevido a confrontar a la burocracia religiosa? ¿Lo habrán ayudado sus compañeros, o lo dejarían solo? ¿Habrán acudido a todas las instancias posibles para que se remediara la injusticia? Y Noemí, ¿qué habrá sido de ella? ¿Lograría escapar de aquella relación explotativa? ¿Terminaría sus estudios en el seminario? ¿Se habrá mantenido firme Rubén en sus convicciones o lo habrán convencido los argumentos de teólogos supuestamente progresistas que sostienen que cualquier relación entre adultos, independientemente de que sean entre subordinados y autoridades no implica explotación ni trasgresión ética alguna? Más allá de todo eso, me pregunto: si Rubén y sus compañeros son hoy ministros de su Iglesia, ¿qué tipo de pastores son? ¿Son condescendientes y cierran los ojos cuando tienen injusticias enfrente o están a favor de los derechos de las ovejas y del Evangelio? En resumen, ¿decidieron ser parte de la solución o son hoy cómplices silenciosos del problema?

¿MUTUO CONSENTIMIENTO O ABUSO DE PODER?

Los lectores de la primera edición de *Pastores que abusan* seguramente notaron que este libro asume cualquier tipo de actividad sexual entre un líder religioso y una mujer adulta bajo su cuidado pastoral como inherentemente explotativa. Aun cuando las partes sean solteras, tal relación implica una grave violación de la ética vocacional y profesional del ministro. Por razón de que frecuentemente se trata de adultos que deciden relacionarse sexualmente *de mutuo acuerdo*, hay líderes y feligreses que tienden a justificar o minimizar dichas conductas. Por lo general tratan de exonerar a los ministros (y no pocas veces satanizan a la contraparte femenina). Los apologistas de las aventuras sexuales entre líderes y ovejas no ven por qué deberían considerarse dichas relaciones como explotativas o abusivas. Pero existen demasiados estudios serios sobre el tema y el consenso actualmente es que, independientemente de que esté presente o no el adulterio, y otras formas de inmoralidad que son contrarias a los preceptos cristianos que los ministros usualmente predican, se trata de relaciones que transgreden la ética profesional de las relaciones ministro-feligrés.

Cuando un líder cristiano se involucra sexualmente con alguien que se encuentra bajo su cuidado espiritual —el caso clásico en Latinoamérica es el de un ministro casado y una feligrés mayor de edad— existe una relación de inequidad que pone en desventaja importante a la mujer. Esto es porque el pastor sostiene una relación jerárquica de autoridad sobre sus congregantes y frecuentemente tiene acceso a información privada sobre vulnerabilidades personales de los mismos. Dicha información es obtenida a menudo a través de la consejería pastoral, en la confesión de pecados, o proporcionada por terceros que confían en el líder espiritual para ayudar a un ser querido.

En una cultura y/o estructura eclesiástica patriarcal, la posesión de dicha información pone en un estado especial de vulnerabilidad a las mujeres. El acceso a información personal, aunada a la relación de confianza, admiración y respeto por la investidura en que se proporciona la misma, así como la posición de subordinación jerárquica de la oveja hacia el ministro, hacen que las relaciones románticas y sexuales sean inherentemente explotativas por parte del líder. Como explica Petter Rutter[3], no se trata realmente de relaciones en condiciones de igualdad. En todos los casos se trata, pues, de un abuso de poder

---

[3] Peter Rutter, *Sex in the forbidden zone: When men in power —therapists, doctor, clergy, teachers and others— Betray Women Trust* (Los Angeles: J.P. Tarcher, 1986).

por parte del ministro. No se requiere que exista uso de la fuerza o coerción para calificarlo así.

Cuando existe además adulterio, esto agrava y complica más el caso, pues implica además la traición a la confianza de hijos, familiares y cónyuges por ambas partes.

En palabras del eticista Stanley Grenz ¿implica esto entonces que "cada acto sexual entre una congregante y su pastor conlleva implícitamente un abuso de poder y es un acto de traición de confianza"?[4] Basándose en las investigaciones de la especialista Marie M. Fortune, responde:

"Cualquiera que sea su motivación, la congregante entra a esa relación con una vulnerabilidad especial" y su pastor no se encuentra en ese mismo plano. *"Así es que ella se encuentra en una posición de desigualdad en cuanto a él".*[5]

Por eso, Grenz y la doctora Fortune coinciden que para que no se tratase de una relación de desventaja para la mujer —y por ende abusiva— ambos tendrían que relacionarse en condiciones de equidad. Por lo tanto no existe ética, y posiblemente legalmente, "pleno consentimiento" a la relación sexual en dichos casos, aunque en apariencia la haya y en eso se escuden muchos ministros que abusan.

Volviendo a la pregunta de Grenz, si cualquier relación entre un ministro y una feligrés, es necesaria e inherentemente explotativa y por lo tanto una grave falta de ética profesional, entonces esa conducta necesita ser reconocida, confrontada, y denunciada.

Un ejemplo de las normas que rigen a los profesionales de la salud mental en Estados Unidos y otros países puede ilustrar bien el punto. Asociaciones y cuerpos colegiados de psiquiatras y psicoterapeutas suspenden la licencia para ejercer dichas

---

[4] Stanley J. Grenz, Roy D. Bell "Betrayal of Trust: Sexual Misconduct in the Pastorate" (Downers Grove: Illinois: InterVarsity Press, 1995) pp. 91. Marie M. Fortune, "Is nothing sacred? When sex invades the Pastoral Relationship" (San Francisco: Harper & Row, 1992).

[5] Ibíd. pp. 91- 93.

profesiones a sus miembros cuando estos se involucran en relaciones sexuales con sus pacientes, aunque éstas sean adultas. De hecho, en algunos países es requerido por ley que un psiquiatra o psicoanalista haya dejado de atender por varios años a su paciente antes de que le sea lícito entablar una relación romántica o íntima con ella.

Las razones son las mismas que comentan Marie Fortune, Grenz y otros especialistas: el profesional de la salud mental tiene una relación privilegiada de confianza con su paciente, relación cuyo único objetivo es ayudar al bienestar del mismo. Por virtud de esa relación y con la expectativa de la mejoría en mente, el paciente revela voluntariamente ante el profesional áreas vulnerables de su vida privada. Frecuentemente le confiará aspectos de su pasado, de su vida íntima, sentimental y/o sexual, que en otras circunstancias no comentaría con otras personas. Esa información puede ser ofrecida inicialmente por el paciente o inquirida por el profesional para diagnosticar una problemática. Si el psiquiatra o terapeuta no utiliza éticamente esa información y en vez de ello decide usarla para obtener gratificación sexual y/o afectiva, la paciente está en gran desventaja pues puede ser manipulada muy fácilmente. El terapeuta en cambio no requiere de proporcionar información privada a la contraparte ni acude a la consulta con la expectativa de recibir ayuda. El reconocimiento de esta vulnerabilidad ha dado lugar a que existan normas que regulen la relación *profesional de la salud mental-paciente*, en los países civilizados.

Por supuesto, no todos los psiquiatras y terapeutas respetan el código ético que rige su trato con las pacientes. Algunos deciden no hacerlo y cuando son descubiertos tienen consecuencias. Es común que se suspendan y a veces se cancelen de por vida sus licencias profesionales. Esto es, no pueden volver a ejercer su profesión y si lo llegan a hacer incurren en serias sanciones legales tanto en el ámbito civil como penal.

Esto sucede tratándose de la actividad sexual entre un profesional de la salud adulto y su cliente adulto en una relación de "mutuo consentimiento" en el ámbito secular. La relación pastor-oveja es a menudo más compleja, pues además de su dimensión espiritual y simbólica, suele a menudo asumir roles terapéuticos. Por todo lo anterior, mi posición en esta segunda edición de *Pastores que abusan* sigue siendo que la relación sexual entre un líder religioso y sus congregantes —indistintamente si involucra el adulterio— es, además de una violación de la ética cristiana a la que los ministros se suscriben, un abuso de poder y una falta de ética profesional que no puede minimizarse. Es de hecho, el signo distintivo de un explotador profesional y sus consecuencias son a menudo devastadoras para las feligreses que caen en sus manos.

9

Incesto Espiritual:
El crimen del reverendo Jackson

Alejandro se dirigió a su oficina, ubicada en la azotea del templo aún a medio construir. Iba para ministrar de nuevo a Isabel. Caminó la calle del populoso barrio tratando de cubrir rápidamente la distancia —un par de cuadras— entre su casa y la Iglesia Elí. En más de veinte años de ser pastor, primero en una denominación pentecostal y ahora como independiente, había visto muchas cosas.

Desde la primera cita, la realidad había quedado a la vista, luego de que Isabel lo buscó desesperada. La señora pertenecía al *Grupo Vida*, una iglesia neopentecostal situada a más de cuarenta kilómetros de distancia. Se había enredado en una relación de adulterio con el reverendo John Jackson, un famoso evangelista extranjero, idolatrado por muchos de sus seguidores.

Cuando llegó, Alejandro tomó asiento para continuar ayudando a Isabel a recoger los pedazos de su vida. La culpa, la vergüenza, la confusión espiritual: los síntomas de siempre estaban allí. Con tacto y esmero se abocó al oficio de la consejería pastoral echando mano de su basta experiencia y empatía. La habilidad de Alejandro para penetrar en los misterios del alma humana era legendaria. Isabel no se había equivocado en ir a buscarlo. Si alguien la podía ayudar a salir del hoyo en que se encontraba —pensó—, era él.

Desde la primera cita, Alejandro se dio cuenta que su compromiso iba más allá de Isabel. John Jackson —una vez más— había cometido adulterio con una de sus propias feligreses. Su historial era largo y muy probablemente continuaría haciéndolo. Ése era el problema de fondo. Aunque pertenecía a una iglesia distinta —también independiente—, Alejandro vio la oportunidad de ponerle un alto de una vez por todas.

Pero había obstáculos. ¿Cómo podía un pastor de una iglesia independiente —esto es, sin afiliación denominacional— quitar del pastorado a alguien de otra iglesia, a su vez independiente, que no rinde cuentas a nadie sino a sí mismo? Alejandro sentía el deber moral de hacer algo y esta vez tenía pruebas. Pero sabía que carecía de autoridad eclesial. Su única opción era llevar su caso al concilio o alianza de pastores que se reunía una vez al mes, casualmente, cerca de la zona del *Grupo Vida* del reverendo Jackson.

La información comenzó a correr de boca en boca entre los principales miembros del concilio. Fue objeto de pláticas y discusiones de sobremesa entre prominentes ministros. "Bueno, esto es un asunto que ya se sabía", decía uno con aire casual. Otros, indignados, se sumaban a la causa de Alejandro para tratar de expulsar del ministerio a Jackson. Al parecer la mujer estaba dispuesta a testificar y contarle todo a los pastores.

Algunos líderes, particularmente los de las iglesias más cercanas a la de Jackson —la más numerosa de su zona por cierto— tenían además cierta antipatía por los desplantes del pastor, un natural de Puerto Rico, carismático y de maneras flamboyantes.

El escenario anterior ilustra uno de los grandes dilemas de los grupos cristianos sin afiliación denominacional. Con escasas excepciones, suelen carecer de contrapesos, reglamentos claros y formas de prevenir que sus líderes, falibles como cualquier otro ser humano, caigan en excesos. Como resultado, frecuentemente toda la autoridad y el poder terminan concentrados en un solo ministro, quien a veces adquiere características de gurú totalitario, causando mucho daño. En otras ocasiones, y por la misma razón, las iglesias independientes se pueden convertir en feudos familiares. El pastor principal, por lo general el fundador de la organización, reparte puestos menores de liderazgo a sus familiares con el objetivo de mantener el control de la información, las finanzas y las conciencias. Poco importa si sus subalternos tienen la capacidad, vocación y ética necesaria para ejercer tan delicadas funciones. Su contacto con el pastor principal, considerado a menudo como un *gran ungido*, y el hecho de que a menudo oficien cultos, aconsejen o ayuden en las cosas de la iglesia, los sacraliza en forma supersticiosa ante los ojos de un rebaño crédulo o poco instruido.

Por ello, pronto la gente les cuenta sus problemas, a veces situaciones delicadas o complejas, o cuestiones íntimas, creyendo que Dios hablará por medio de ellos, además de que están en manos no sólo profesionales, sino espirituales. De esta manera, la información se convierte en un instrumento del líder principal para controlar a la gente y dirigir la iglesia a su arbitrio. En los feudos familiares, a veces hasta *se heredan* los cargos a la usanza de las monarquías o las antiguas dinastías orientales.

En el ámbito de las iglesias independientes, algunos concilios o alianzas de pastores son meros clubes sociales, pero otros —los menos—, se forman para proveer a los ministros de un cierto organismo colegiado, o se integran como foros a donde cualquier feligrés agraviado pueda acudir. El concepto, al menos en teoría, es servir como instancia para poner en orden a pastores que abusan de su posición. En algunos países funcionan mejor que en otros, pero dado que la membresía es voluntaria, no existe formalmente obligación y como a veces hay más de uno, y a veces varios por ciudad, suelen ser poco eficaces para enfrentar a un líder que delinque contra su rebaño. Hay casos en los que la alianza de pastores de tal o cual lugar confronta a un líder por robo y éste simplemente se retira de esa asociación, o bien, se cambia a otra que lo recibe gustosa por traer rivalidades con la anterior.

¿VATICANOS EVANGÉLICOS?

En general, las iglesias evangélicas, ya sean protestantes, pentecostales o de otras tradiciones, son bastante críticas —por razones teológicas e históricas— de la institución del papado como forma de gobierno de la Iglesia Católica. La doctrina de la infalibilidad papal y la forma autocrática de tomar decisiones del Vaticano y muchos obispos, son contrastadas vez tras vez con el modelo más colegiado y menos dogmático que propone el Nuevo Testamento, en donde se establecen límites claros a la autoridad de los ministros y mecanismos de rendición de cuentas a la comunidad de creyentes.

El Vaticano y el papa, y en esto concuerdan muchos sociólogos e historiadores de la religión, tienen la tendencia a no dar cuentas ni a sus feligreses ni a la sociedad en general, de las acciones de sus altos dirigentes.

Sin embargo —y esto es una paradoja—, si se examina con cuidado, no hay duda de que existen iglesias evangélicas y muchos grupos independientes que en la práctica operan como pequeños vaticanos o haciendas feudales. Al interior existe, por lo general, un líder incuestionable, a veces con una camarilla de asociados supersticiosos, serviles y medrosos, que se caracterizan por decir "sí" a todo lo que su pastor diga, así como por cerrar los ojos ante cualquier injusticia. Sus dirigentes, en especial si son famosos, no dan cuentas a nadie del manejo del dinero, y menos de sus conductas sexuales hacia el rebaño. No dan cuentas ni a sus propios feligreses ni a otros líderes dentro de sus minúsculos imperios; mucho menos a cristianos *fuera* de su organización. ¿Y a la sociedad en general? Ni pensarlo. Son pequeños dictadores que dicen que "sólo a Dios" deben darle cuentas. Jamás admiten amonestación de nadie. ¿Qué es esto sino pequeños vaticanos medievales evangélicos?

EL CONCILIO

El concilio o alianza a la que asistía Alejandro era esencialmente una asociación informal de pastores de iglesias independientes. Funcionaba, sobre todo, como foro de intercambio de ideas y experiencias. Los pastores se reunían una vez por mes para orar, escuchar un sermón por alguna figura invitada o por alguno de los miembros más connotados de la alianza. No tenía estatutos ni criterios claros de membresía, y aunque se decía que no había una jerarquía de autoridad, se reconocía un cierto liderazgo natural en varios pastores, entre ellos Alejandro. En especial se tenía admiración por quienes dirigían iglesias numerosas. De entre aproximadamente cuarenta pastores, no era infrecuente que los principales líderes fueran consultados por aquellos con iglesias más pequeñas, buscando resolver problemas pastorales complicados y a veces cuestiones personales.

Dado que formalmente la alianza no tenía autoridad eclesiástica sobre John Jackson, Alejandro sabía que tendría que persuadir a los líderes más influyentes para formar un frente común y usar la fuerza moral del concilio para tratar de obligarlo a que diera cuentas de su relación extramarital con Isabel.

LA INTIMIDACIÓN

El reverendo Jackson se enteró del plan. No era realmente miembro del concilio y rara vez asistía, pero llevaba buenas relaciones con varios integrantes del mismo.

Un martes, temprano, se apareció intempestivamente en la reunión mensual. Venía acompañado de un abogado malencarado. Sin rodeos se encaminó a un grupo de cuatro o cinco pastores que platicaban parados en la entrada del templo.

"¿Quién de ustedes anda diciendo que yo adulteré?, ¿eh?", soltó airado. Luego, enfrentó a uno en particular, manoteó y habló de demandas. La mayoría enmudeció. Otros negaron saber del asunto y otros más aceptaron haber oído un rumor, pero hasta allí.

Después de la reunión, uno de los más vehementes detractores de Jackson comentaba con otros colegas (después de que éste se había ido) que él jamás había afirmado nada y, mucho menos, creído a las acusaciones. *"Está escrito que para estas cuestiones se necesitan dos o tres testigos"*, dijo aludiendo en forma descuidada a un versículo del Nuevo Testamento.

Jackson no necesitó hacer nada más para acallar la controversia. En cambio, los principales líderes del concilio citaron a Alejandro, quien había estado ausente ese día, y le reclamaron molestos que los anduviera metiendo en cuestiones de abogados y demandas. *"No queremos problemas"*, le advirtieron. Y el caso se cerró.

Alejandro, viendo que además de todo perdía prestigio entre sus colegas, decidió dejar por la paz el asunto y siguió ministrando discretamente a Isabel para ayudarla espiritualmente.

Aunque el concilio era un proyecto naciente él era uno de sus principales impulsores y le veía grandes posibilidades a futuro. Hoy, tan sólo cuarenta iglesias, pero ¿en cinco años? ¿Quizás doscientas?, ¿cuatrocientas? ¡Se podía lograr tanto uniendo esfuerzos, evangelizando juntos, aprendiendo unos de otros! Alejandro tenía un sueño: pastorear pastores. Ése, comenzaba a darse cuenta, era su llamado y no quería ponerlo en peligro. Así que mejor se calló.

Pasaron nueve años.

La mamá de Flor y su hermana mayor estaban preocupadas por ella. Pocos meses atrás la habían empezado a notar rara y un poco sospechosa.

—¿Y si mi *Flor...? No... no puede ser* —Amelia resistió el pensamiento.

Flor tenía veinte años y prácticamente había sido criada desde niña en el *Grupo Vida*. Cuando ella tenía sólo diez, su papá había fallecido. Él y el reverendo John Jackson habían sido grandes amigos, así que a la muerte de aquél, éste asumió un cierto rol protector y hasta cierto punto paternal con la familia.

Amelia, ya viuda, se consagró a las actividades de la iglesia al igual que sus dos pequeñas hijas. Eventualmente, Rosa María, la mayor, terminó su carrera de odontología y puso, a instancias del pastor, un consultorio en las instalaciones adjuntas del templo para brindar ayuda social. Cuando su padre falleció —precisamente por aquel tiempo en que el reverendo Jackson adulteraba con Isabel—, Flor iba apenas a la primaria. Cuando creció, se involucró en el secretariado de la iglesia. Quería servir a Dios.

"¿Será posible?" Amelia volvió a rechazar la idea.

Aparte de pastor y amigo de su difunto esposo, John había sido un gran apoyo para ellas en esos años difíciles. Pero Flor pasaba cada vez más tiempo con él en calidad de ayudante. Algo le decía que algo andaba mal.

UNA PEQUEÑA CELEBRIDAD

Con el tiempo, la Iglesia Vida había crecido hasta tener 400 miembros y Jackson viajaba constantemente como conferencista invitado a diferentes ciudades y países. Se había convertido, de hecho, en una pequeña celebridad. *"¿Has oído su testimonio? Fue pandillero en Nueva York y Dios lo salvó"*. La leyenda corría de boca en boca. Algunos hasta lo comparaban con Nicky Cruz.

Con su nuevo estatus de celebridad habían venido cada vez más cambios.

A John no le gustaba ya más llamarse evangelista ni que le dijeran predicador. Se decía *apóstol* e insistía con vehemencia a sus seguidores en que le llamaran así. Conforme aumentó la fama, aumentaron también las extravagancias. Al carisma costeño y la facilidad de palabra, al pelo corto rizado y bigote oscuro, le venían bien las camisas de seda con colores chillones —abiertas un poco para dejar ver la piel bronceada— y los zapatos caros de piel. Gustos poco usuales, pensaban algunos, para un pastor de extracción humilde con una iglesia ubicada en una zona conurbada de poca afluencia económica. Pero el rebaño era benigno y no le daba mayor importancia a esas cuestiones.

Otros de sus congregantes habían notado también cambios en su forma de predicar. La voz recia y varonil seguía aún allí (también los desplantes bravucones y machistas cuando alguien lo contrariaba), pero atrás habían quedado aquellos apasionados mensajes que conmovían auditorios cuando desafiaba a los oyentes a entregar su vida a Cristo. El dinero era central en sus predicaciones. Predicaba *prosperidad*, desde que se había asociado con un exótico grupo con sede en Chicago, dirigido por otro *apóstol* no menos excéntrico y ambicioso. El evangelio de la prosperidad, una versión comercial del cristianismo, ha sido denunciado por reconocidos teólogos como una reinterpretación mercantilista de las enseñanzas de Cristo. En su forma más vulgar, promete que entre más dinero donen los creyentes a una iglesia o ministro, Dios los premiará multiplicándoles bendiciones y riquezas. El resultado es que la relación con Dios y la fe son vistos como medios mágicos para adquirir dinero. En el caso del *Grupo Vida*, pocos reparaban en que aunque muchos seguían fielmente esa doctrina, el único que estaba volviéndose rico era, por supuesto, el reverendo Jackson.

Flor se deslumbró cuando John Jackson la escogió como su ayudante. Él, por allí de los cincuenta años —treinta mayor que ella—, la labia y el look de *latin lover*, maduro, bien cuidado. Ella, de veinte y criada en los valores conservadores de su iglesia. Pronto pasaban largos ratos conversando. A veces el pastor le contaba los problemas que tenía con su esposa, y Flor, un poco extrañada, lo oía. Se sentía honrada con la confianza.

"*¿Cuántos novios has tenido?*", la interrogó Jackson de buenas a primeras un día en el templo. La chica se sorprendió, pues la pregunta salió de la nada. Pero le contestó. "*¿Alguno de ellos te ha tocado los pechos?*", continuó el pastor. Las insistentes preguntas iban subiendo de tono y pronto Flor se incomodó. Lo paró en seco, se despidió y se fue a casa.

John, de inmediato, la llamó por teléfono para pedirle disculpas. En cinco minutos la convenció que era un malentendido y le aseguró sus buenas intenciones pastorales. Las cosas se calmaron y la relación de trabajo continuó. También las preguntas íntimas, pero más casuales y moderadas. Tres meses después el reverendo Jackson y Flor habían hecho ya su primera visita a un motel. Fue cuando Amelia empezó a notar rara a su hija.

Para noviembre de 1998, el reverendo Jackson y Flor eran amantes y se veían, sin falta, dos veces por semana para tener relaciones sexuales. Lo mismo se daban los encuentros luego de un servicio religioso, que de una cita de trabajo. Aunque John era casado y con hijos de la edad de ella, Flor empezó a pensar en matrimonio.

EL DIARIO

Un día cualquiera, al llegar a su casa, la joven buscó en su clóset y se dio cuenta que su diario personal no estaba en su lugar. El pánico se apoderó de Flor pues sospechó que su madre lo había hallado. Se encerró en su cuarto el resto de la tarde y no quiso salir. Al otro día en la madrugada huyó de casa.

Minuciosa cronista, virtud que su pastor desconocía, Flor acostumbraba registrar en su diario los eventos más relevantes de cada día de su vida con todos los pormenores. Corría el mes de septiembre de 1999, casi un año y medio después de aquel memorable día en que el pastor Jackson —ahora para ella simplemente John— había aprovechado su estatus de ministro para inquirir sobre su vida íntima.

En una habitación contigua, doña Amelia leía con incredulidad, página tras página, detalles, fechas, horas y lugares de los encuentros sexuales de su hija con el reverendo. Le parecía estar viviendo una pesadilla.

Las narraciones del diario de Flor revelan de manera detallada sus esfuerzos —exitosos en un inicio— por resistir los embates seductores y trucos del pastor. También registran inadvertidamente los hechos que poco a poco la hicieron flaquear. Son datos relevantes para entender el *modus operandi* de Jackson y otros que, como él, utilizan una sutil combinación de manipulación emocional, información privada y autoridad paterno-pastoral para seducir feligreses. Limitaciones de espacio no permiten revisar los acontecimientos día por día, sino sólo, y de manera sintética, momentos relevantes en una secuencia mensual.

CRONOLOGÍA DE UN INCESTO ESPIRITUAL

Agosto de 1998.

"El pastor me continúa preguntando acerca de mis novios anteriores. Creo que debo ser sincera con él, pues es mi autoridad espiritual y no puede sino querer ayudarme".

A continuación, Flor decidió escribirle una carta para sincerarse. Sí, hubo un novio con el que una vez había tenido una experiencia sexual en el pasado, le confesó.

"En cuanto John leyó la carta vino a visitarme a casa. Mi hermana y mi mamá justo acababan de salir a un culto cuando él llegó".

Flor pensó que venía a consolarla. Le había costado ser franca con el pastor y se sentía avergonzada y culpable de aquella aventura con su ex novio. Pero John aprovechó el momento de vulnerabilidad y, sin perder tiempo, se abocó a hurgar más detalles. *"¿Hubo penetración?" "¿Cómo fue la relación?"*, preguntaba con sospechosa avidez.

"Se notaba morbo en sus preguntas", dice Flor.

Septiembre de 1998.

"El pastor pasó por mí hoy a la escuela. Fuimos a un campo abierto a caminar y platicar".

"Tengo muchas tentaciones contigo", le dijo allí Jackson, *"no las puedo resistir"*. El rostro de John mostraba aflicción. *"Te pido un abrazo. Sólo un abrazo de amigos, nada más".*

Flor aceptó. Duró cinco minutos.

LAS TENTACIONES DEL REVERENDO

Octubre de 1998.

"John insiste en que nos sigamos reuniendo a solas". El pastor argumentaba que era preferible no utilizar ya lugares públicos, *"para no dar mal testimonio"*: *"Me gustaría verte en un hotel, tú sabes cómo la gente es mal pensada si nos ve juntos"*.

Flor accedió.

Cuando llegaron, John se tendió en la cama simulando tener sueño mientras ella veía la televisión sentada en una orilla. De pronto la atrajo hacia sí y la besó. *"No le respondí y le pedí que nos fuéramos de inmediato"*.

"Perdóname", le contestó él desconcertado. *"Vamos a orar juntos ahorita, tú sabes que estoy luchando con esto"*. Y eso procedieron a hacer en el hotel.

"Antes de irnos le recomendé que mejor estuviera con su esposa", comenta Flor.

A la siguiente cita, el pastor le informó: *"Ya estuve con mi esposa. ¿Ahora qué hago?"*. Interesante frase: el reverendo estaba invirtiendo los roles. Él, el *apóstol*, el hombre espiritual, experimentado, ponía a Flor en el rol de "consejera" y él actuaba el papel de pobre alma atribulada, "asediada por la tentación".

Doña Amelia siguió leyendo en el diario de su hija.

Pocos días después, en su cita acostumbrada de los jueves, el reverendo Jackson decidió utilizar un truco más sofisticado que, aunque peculiarmente vergonzante, sería clave.

"*¡Ya no puedo con esta tentación!*", dejó escapar de súbito con tono lastimero frente a Flor. Y de buenas a primeras se soltó a llorar. "*Voy a irme lejos, a otro país*", sollozó aparentemente desconsolado.

La muchacha estaba desconcertada y conmovida a la vez. Aquel hombrón de cincuenta años, el rudo ex pandillero de los barrios neoyorquinos, se lamentaba como un niño. El siervo de Dios estaba a punto de dejar su vocación, su iglesia, y las labores de toda una vida por culpa de ella, *la tentación*. Los consejos y esfuerzos de la muchacha para ayudar a su atribulado pastor habían fracasado.

Flor, asustada, le creyó. Jackson reaccionó rápido y asestó el próximo golpe.

—*Tengo que irme en este momento* —cortó tajante la plática en tono melodramático— *debo ir a una cita de trabajo*.

—*Espérate, no te vayas así, vamos a seguir platicando* —le pidió Flor, turbada.

"*Estaba conmovida de verlo así*", explica la joven. "*Estaba dispuesta a lo que fuera para ayudarlo*". John, el viejo lobo de mar que sedujo diez años atrás a la señora Isabel —y a varias otras antes y después—, la vio flaquear y cerró la trampa.

"*Está bien*", respondió. "*Platiquemos, pero en un lugar privado*". En media hora estaban en el hotel teniendo relaciones sexuales. Flor no era ya más objeto de tentación para el pastor. Jackson no tenía por qué irse y abandonar el rebaño.

Desde entonces se veían dos veces por semana sin falta en el hotel.

"*¿El amigo de mi difunto esposo? ¿Mi pastor, a quien mis hijas veían casi como a un padre?*" Doña Amelia le dio vuelta a otra página del diario con el corazón atravesado.

"Pensé que estabas embarazada"

Noviembre de 1998.

—*Estoy muy preocupada. Quiero platicar urgentemente contigo.*

El reverendo se alarmó por la premura de la cita.

—*¿De que se trata?*

—*Creo que mi mamá ya se dio cuenta.*

John Jackson se tranquilizó.

—*Yo creía que estabas embarazada y por eso estabas preocupada.*

A Flor no le gustó la respuesta. Lo percibió insensible y a partir de entonces procuró distanciarse un poco. Tuvo poco éxito.

Después del día en que empezaron a ser amantes Jackson nunca más volvió a llorar ni a emitir ruegos implorantes. No le pedía ya que oraran para "vencer sus tentaciones" ni la amenazaba con abandonar el ministerio por sus *debilidades*. Poco después, él mismo le presentó a un joven de su iglesia, sugiriéndole que iniciara un noviazgo con él. Era casi fin de año y Flor estaba para entonces enamorada de John. No podía creer que se quisiera deshacer de ella así, presentándole a un muchacho.

Su último encuentro sexual, relata el diario, fue en un cálido día de agosto de 1999.

ESCÁNDALO Y ENCUBRIMIENTO

En cuanto pudo, Flor le avisó a John que en su casa habían encontrado su diario personal. El pastor, quien ignoraba el hábito de Flor, intuyó el escándalo que se avecinaba. Evitando darle la cara a Doña Amelia, de inmediato Jackson se dio a la fuga, dejando atrás esposa e hijos y un grupo de cuatrocientos fieles desconcertados.

Dado que el *apóstol* Jackson no podía ser juez y parte, la hermana de Flor, la dentista, había decidido llevarle el diario a Carlos Manuel, uno de los pastores asistentes del *Grupo Vida*. Quería enterarlo de la situación para que se tomaran cartas en el asunto.

Carlos, acostumbrado a las andanzas secretas de Jackson, no hizo sino tratar de encubrirlo. Dado que Flor no aparecía, su mamá no tardó en pedir la ayuda de las autoridades para encontrarla. Desde su exilio en el extranjero, el valiente pastor escribió una carta amenazante a la viuda, tratando de manipularla e intimidarla para que no lo denunciara. Pero como ella ya había acudido a los líderes de su iglesia y éstos no hacían más que excusarlo y decirle que ella y Rosa María "no lo debían juzgar" y "que ya no le movieran al asunto", decidió salirse del *Grupo Vida*. Pronto, la mala de la película era ella, a quien los otros líderes de la iglesia acusaron de "no tener amor" y "no querer perdonar al pastor Jackson".

Luego de una semana, Flor regresó a su casa, aún enamorada. Jackson siguió en el exilio, pues la viuda halló que además de ser afecto a seducir jovencitas se encontraba ilegalmente en el país. Mientras se desarrollaba este lío, la esposa de Jackson y sus hijos pasaron indecibles vergüenzas en su colonia y en su iglesia por causa del escándalo.

"SÓLO TE UTILICÉ"

Amelia terminó llevando a su hija al médico, ya que no se sobreponía a su experiencia. Distraída y confundida, A Flor le fue diagnosticado un cuadro depresivo y estuvo en terapia durante meses. No fue sino hasta que recibió una carta de John Jackson, pidiéndole disculpas y explicándole que no la amaba y que "sólo la había utilizado", que empezó a abrir los ojos. Poco a poco se dio cuenta del sucio esquema de manipulación con que la habían engatusado.

Semanas después, y sólo por la presión de las demandas ante las autoridades civiles contra el reverendo Jackson, éste fue destituido públicamente de su cargo. La mayoría de los feligreses, sin embargo, hábilmente manipulados por el liderazgo-títere que dejó a cargo del grupo, condenaron a doña Amelia y a su hija Rosa María por haberse atrevido a denunciar a su pastor.

Y así dejó de ser pastor John Jackson. Lo que un concilio de pastores no se atrevió siquiera a intentar diez años antes, lo logró una viuda con sentido de dignidad.

DEPREDADORES PROFESIONALES

Los especialistas que estudian el comportamiento de los ministros que se involucran sexualmente con sus ovejas reconocen, a grandes rasgos, tres tipos clásicos. Al español se podrían traducir y adaptar estas categorías como sigue: a) *El depredador*. b) *El descarriado*. c) *El "Don Juan"*.

El primero es, por mucho, el que causa más daño. La palabra *depredador* fue seleccionada por la doctora Marie Fortune, investigadora del Centro para la Prevención de la Violencia Sexual, en Washington, con todo propósito. *Depredador* evoca ideas de peligro, destrucción y rapacidad bestial que deja a su paso dolor y devastación. Fortune describe así el carácter y comportamiento de este tipo de ministro.

"Es manipulador, coercitivo, controlador, rapaz, y a veces violento. También puede ser encantador, brillante, competente y carismático. Le atrae la vulnerabilidad... No es psicótico, pero a menudo es sociopático; esto es, tiene poca o nula conciencia acerca de sus comportamientos transgresores. Usualmente minimizará, mentirá, y negará al ser confrontado. Para este tipo de transgresores el ministerio presenta una oportunidad ideal para obtener acceso a posibles víctimas de todas las edades".[1]

El doctor Grenz, eticista evangélico y autor de un amplio estudio sobre este tema, ofrece, en sus propias palabras, una visión complementaria del *depredador*.

---

[1] Marie M. Fortune. *"Is Nothing Sacred?" op. cit.*, p.47.

"Fingiendo ser un pastor preocupado, el depredador utiliza su poder y posición para coercionar o manipular. Encubriendo sus intenciones con su puesto ministerial, se mueve deliberadamente más allá de los límites (de conducta) apropiados y lleva con él a sus víctimas".[2]

Quizás el signo que suele identificar más fácilmente a los ministros en esta categoría es la premeditación. El *depredador* selecciona cuidadosamente a su víctima y utiliza con alevosía y ventaja una estrategia, usando recursos como los arriba mencionados. El caso ya relatado del reverendo John Jackson es un ejemplo clásico. Otra característica importante es que pueden ser violentos. Con el paso de los años, el *depredador* deja tras de sí una larga lista de personas heridas y explotadas. Su conducta a menudo es acompañada de actitudes compulsivas. Por todo esto, esta clase de ministros frecuentemente llega a incurrir en actos criminales. Casi todos los clérigos paidófilos, paradigmas de rapacidad y vileza por antonomasia, caen dentro de esta categoría.

EL DESCARRIADO

Quizás la mejor manera de distinguir esta categoría —también de Marie Fortune— de la del *depredador*, sea ésta: muy rara vez su conducta es criminal y no actúa con premeditación. *"Bajo circunstancias normales"*, explica Grenz, *"él nunca consideraría enredarse sexualmente con una congregante. Sin embargo, una crisis avasalladora, o un momento crítico de transición en su vida, puede inclinar la balanza, llevándole a transgredir el límite..."*[3]

El hecho de que no suela ser violento ni actúe con premeditación no atenúa el daño que causa a sus feligreses. De acuerdo con Fortune, este tipo de ministro tiene problemas de raíz en su carácter. Básicamente, muestra dificultad para mantener límites

---

[2] Stanley Grenz, *op. cit.*, p.40.
[3] *Ibíd.*, p. 41.

apropiados en sus relaciones interpersonales. Es también emocionalmente inmaduro y tiene alto riesgo de involucrarse sentimental y/o sexualmente con alguna feligrés que lo tenga en alta estima. El *descarriado* suele tener sentimientos de frustración profesional y a menudo se siente solo y aislado.[4]

El aprecio, la atención, los halagos o la adulación de una congregante admiradora —frecuentemente en una relación de consejería pastoral—, es el catalizador para que el ministro inicie una relación de adulterio. En otras palabras, si la ocasión se presenta, explota su posición pastoral para tratar de suplir sus necesidades afectivas y/o aliviar su tensión. La clave para entender esto es el evento de estrés por el episodio de crisis con que se asocia esta conducta. La relación semántica con el nombre de la clasificación resulta así obvia. Estas personas, al tener problemas en guardar distancias profesionales prudentes y límites apropiados en sus relaciones son vulnerables *a descarriarse* (a desviarse del curso ético de conducta que su cargo exige). Y esta vulnerabilidad se actualiza cuando se presenta un factor de estrés importante en su vida. Esto puede ser una crisis matrimonial, familiar, en su iglesia, o en su propio ministerio. Finalmente se debe notar que la reacción del *descarriado* cuando es descubierto en un enredo sexual, suele ser menos defensiva y agresivas que las de un *depredador*. No es inusual que luego de algunas resistencias, reconozca su situación al ser confrontado.

EL DON JUAN O EL MINISTRO ROMÁNTICO

En su libro *Betrayal of Trust: sexual misconduct in the pastorate*, Grenz propone una categoría adicional a las dos anteriores de la doctora Fortune. Podría traducirse al español, como el *romántico*. Por pragmatismo nemotécnico, he preferido denominarla "El Don Juan", en referencia al drama clásico *Don Juan Tenorio*

---

[4] Marie Fortune. *op. cit.*, p. 156.

del español José Zorrilla. Aunque el Tenorio de ficción era más bien un galante conquistador, un rompecorazones, en esta clasificación *Don Juan* es sólo un ministro enamoradizo, no menos galante. De esta manera, nos quedamos con tres grandes categorías que comienzan con *d* y son fáciles de recordar, sobre todo si las relacionamos con la palabra *daño y destrucción*: *depredador, descarriado* y *Don Juan*.

El rasgo sobresaliente del Don Juan es precisamente su naturaleza enamoradiza. El romance es lo que le motiva, en este caso, a transgredir la ética sexual del ministro. Lebacqz y Barton lo describen así:

"*Este pastor sabe que desarrollar una relación sexual con una congregante es sospechoso y procura guardarse diligentemente de cualquier comportamiento inapropiado. Pero... se enamora*".[5]

Así es. El *Don Juan* se enamora, y al hacerlo, naturalmente afloran sus dotes de conquistador e inicia un romance. Romance que por lo general se desarrolla a partir de la consejería pastoral, el confesionario, o una relación laboral en donde se nublaron los límites profesionales y jerárquicos. Y en el nombre del amor, el *Don Juan* justifica ante su conciencia el involucramiento sexual con una subalterna o feligrés. Flores, regalos, cartitas, halagos, atenciones especiales, palabras emotivas. ¡*Don Juan* está enamorado! No importa si quien está frente a él es la esposa o la hija de un amigo, o si es una oveja nueva en busca de orientación espiritual, quizás una dama queriendo salir de un ciclo de explotación sexual patriarcal, o una menor de edad.

CONCLUSIONES

El *depredador* es, lógicamente, el tipo de ministro más peligroso de estas tres categorías. Su falta de empatía con las personas que

---

[5] Karen Lebacqz y Ronald Barton, *Sex in the Parish*, Louisville, Kentucky: Westminster, 1991, p.129.

daña, la premeditación con que acecha a sus víctimas y su capacidad para manipular su entorno, suelen desembocar en escenarios devastadores. Grenz hace notar que al ser descubierto, el *depredador* generalmente *"utilizará todos los medios en su poder para destruir a aquellos que presentan acusaciones contra él, o a aquellos que apoyan a los denunciantes"*.[6] Esto se traduce en feroces contra-acusaciones, y a veces en demandas legales y acciones intimidatorias, sin excluir la violencia. Dado que el contexto en que la delincuencia sexual pastoral se da es la iglesia, una de las aristas más dramáticas es la polarización que hacen de los fieles para mantenerse en el poder y desacreditar a sus denunciantes. Dependiendo de sus recursos intelectuales y retóricos, utilizan para lograr esto un repertorio de "armas doctrinales" y manipulación de miedos y símbolos sagrados. Este proceso asegura que el *depredador* tenga a su lado gente que lo defienda. Como resultado, la mujer seducida es revictimizada, convertida ahora en "enemiga de la obra de Dios" por haber denunciado. Cuando el ministro logra allegarse las lealtades de la familia de la afectada, su caso puede convertirse en una pesadilla para ella.

El *descarriado* y el *Don Juan*, respectivamente, suelen responder de maneras mucho más moderadas ante denuncias. El daño a las feligreses es, sin embargo, también grave. *Incesto espiritual* es un concepto contemporáneo que ayuda a explicar el tipo de sentimientos y crisis que provoca en las mujeres el ser explotadas sexualmente por ministros. Los pastores y sacerdotes en nuestra cultura, además de asumir con frecuencia roles paternos sustitutos, suelen ser vistos como padres espirituales o *padres en la fe*, en términos teológicos. Esta relación tiene una connotación sacra que sin lugar a dudas ayuda a entender lo complicado y profundo que puede resultar un abuso de confianza ministerial para una mujer. El estrés postraumático y la depresión clínica son cuadros cada vez más identificados en

---
6 Grenz. *op. cit.*, p. 42.

mujeres explotadas sexualmente por ministros. Son estas consecuencias en los feligreses, consecuencias devastadoras, clínicamente cuantificables, y con frecuencia procedentes jurídicamente, las que marcan la pauta acerca de cómo deben proceder las iglesias con los ministros que adulteran o agreden sexualmente al rebaño.

Independientemente de sus motivaciones y de su clasificación, sean *depredadores, donjuanes* o *descarriados*, necesitan ser removidos de inmediato de su cargo pastoral por sus autoridades eclesiásticas. Y si éstas se niegan a actuar, corresponde entonces a las respectivas comunidades de creyentes destituir a dichos ministros.

Una iglesia se constituye, después de todo, de los creyentes, no de los líderes. Éstos son solo *parte* de la iglesia y su única razón de ser es la edificación de la misma. En este sentido las aspiraciones, vocación y futuro profesional del ministro que ha abusado, son asuntos absolutamente secundarios y no deben ser el enfoque de la discusión. La edificación espiritual y la seguridad física y emocional de la comunidad de creyentes es la prioridad. Éste no es un principio negociable. Si por haber sido destituido, un pastor o sacerdote tiene que terminar trabajando como taxista para ganar su sustento, o si tiene que prepararse para otra profesión, es finalmente consecuencia de sus propias decisiones. Cuando un abogado o un médico viola determinados estatutos profesionales, pierde su licencia para ejercer. ¿Por qué debería ser distinto con los ministros? El amor y la compasión cristiana son a menudo invocados para tratar de justificar la permanencia de ministros adúlteros, incluso con perfiles depredadores, en sus puestos. El amor a quién, debemos preguntarnos de inmediato ante semejantes argumentos. El amor cristiano, entendido como la regla de oro de Jesús, no antepone los intereses personales de un ministro egoísta por encima de la seguridad de los creyentes. Quienes abogan por la permanencia de ministros adúlteros —y aún de paidófilos— en sus puestos, no hacen sino arriesgar a los feligreses en forma irresponsable, y a menudo criminal, exponiéndoles a seguir siendo víctimas. Sin importar los argumentos y versículos bíblicos que se esgriman para tratar de justificarlo, una cosa es cierta: eso no es, y nunca será, *amor*.

10

LOS PASTORES AUTORITARIOS PUEDEN PROGRAMAR A LA GENTE

Lo que le sucedió a Joanna durante su aventura de casi cuatro años en el grupo carismático-pentecostal "Nuevo Amanecer" es una pequeña muestra del terrible lavado de cerebro al que puede llevarnos el escuchar a un líder religioso autoritario. Hoy han pasado aproximadamente dos años desde que Joanna dejó ese movimiento y ha tenido tiempo de reflexionar acerca de lo que le ocurrió allí. Mirando hacia atrás y resumiéndonos su experiencia, ella dice en sus propias palabras: *"Estábamos como programados"*.[1]

Con esto quiere decir que durante su estancia en el grupo "Nuevo Amanecer", ella, junto con otras personas, llegó a ser adoctrinada de tal manera que perdió en gran parte su individualidad, su libertad, y la capacidad de decidir y pensar por sí misma. Inclusive llegó a perder su dignidad como ser humano al someterse a cosas de las que ahora se avergüenza al recordarlas. Si alguien le pregunta a Joanna cómo es que llegó a consentir cosas irracionales y aberrantes como las que los líderes de ese movimiento la indujeron a hacer, ella no puede contestar. Sencillamente, no entiende cómo pudo haberlo permitido.

Como veremos más adelante en su relato, la respuesta es muy simple. Joanna pasó meses y meses escuchando las doctrinas del autoritarismo de boca de sus pastores hasta que se encontró sutilmente atrapada, a voluntad de un liderazgo sin escrúpulos.

---

[1] Los significados precisos de términos como *programación* en este libro, así como de conceptos relacionados en el contexto latino, se definen en el *Prefacio del autor a la segunda edición*.

Desde las primeras veces que Joanna asistió a las reuniones del grupo "Nuevo Amanecer", hubo *algo* que le atrajo. Unas semanas después de asistir informalmente, se encontraba prácticamente deslumbrada por todo lo que veía a su alrededor. Las reuniones, la gente, las enseñanzas y los líderes. ¡Todo era tan distinto del ambiente que ella había conocido antes!

Joven, vivaz e inteligente, Joanna había sido invitada a asistir al grupo en la preparatoria, cuando se encontraba a punto de entrar a la Universidad. Ella lo narra así:

"Yo era una joven como todas; había crecido en un hogar católico de clase media baja, pero no era practicante. Mi mayor diversión eran las fiestas, los bailes, los novios; me dedicaba a mis estudios. Como todos los muchachos de esa edad, andaba buscando algo en la vida que no hallaba en las diversiones. Finalmente acepté la invitación de uno de mis compañeros de clase a asistir a una reunión de 'Nuevo Amanecer'".

"Ándale", le decía él, *"si te entregas a Jesús, él te va a ayudar mucho. ¡Vas a poder tener lo que tú quieras! ¡Tú lo necesitas!"*

En parte porque le atraían los beneficios que le ofrecía, y en parte porque veía algo "diferente" en el muchacho, ella se decidió a ir.

Joanna jamás había asistido a un grupo religioso distinto de la católica, no conocía la Biblia y carecía de un parámetro de comparación para evaluar a la organización "Nuevo Amanecer". Cuando ella le dedicó al grupo los próximos tres años de su vida lo hizo casi a ciegas. De hecho nunca se le ocurrió que pudiera haber nada diferente del "cristianismo" que allí aprendió.

"Me habían enseñado que este grupo era algo muy especial; un lugar donde Dios daba mucha unción, donde los líderes eran verdaderos siervos de Dios y que por ello no podían estar mal en nada; yo creía esto de todo corazón, es más, no tenía ni la menor duda de que todo lo que ellos hicieran o dijeran era correcto".

También se le dieron una serie de reglas morales que ella empezó a obedecer gustosa, e hizo una oración para aceptar a Jesús. En unos cuantos meses su forma de comportarse había cambiado bastante y sólo hablaba de Dios.

El grupo "Nuevo Amanecer" es una organización carismática neo-pentecostal independiente, no se considera a sí misma evangélica. Se constituye de alrededor de siete iglesias en distintos puntos de Centroamérica y tiene su base en una importante y populosa ciudad. Allí está, la congregación más numerosa del movimiento, instalada en un edificio de tres pisos. Allí está también su líder indiscutible, el señor Félix García, un hombre de unos cincuenta años de edad, de tez morena y complexión robusta que aparte de dirigir localmente, acostumbra viajar a dar pláticas a las diferentes ciudades de provincia en donde están sus grupos filiales. A él miran los pastores que él mismo ha establecido para recibir doctrina, guía y dirección en todo lo que tiene que ver con sus vidas y las de sus congregantes. Félix García es reconocido como un gran "ungido de Dios" por muchas de sus ovejas.

Quizás los atractivos más grandes de las reuniones del grupo cristiano "Nuevo Amanecer" sean la alabanza y la adoración. Se habla mucho de ministrar al Señor durante esos momentos y el ambiente se vuelve sumamente emocional. Después de los cantos sigue la enseñanza. En ésta, por lo general se hace mucho énfasis en el amor y en la misericordia de Dios. También se habla de cambiar de forma de vida. Los líderes y pastores encargados de compartir, según Joanna, *"saben mucho de la Biblia"*. Esto hace que las pláticas sean bonitas y atractivas. Las reuniones se complementan con manifestaciones de tipo carismático como "revelaciones", "sueños" y "visiones", que juegan un papel importante para dirigir la vida de los congregantes. La atmósfera del grupo es muy atractiva para cualquier joven en busca de afecto y aceptación.

"Yo nunca había tenido amigos así", dice Joanna, refiriéndose a todas las muestras de cariño y amistad que allí recibía. *"En mi casa nunca fueron dados a eso. Me sentía bien en el grupo y pronto estaba involucrada en todo tipo de actividades".*

Después de bautizada, Joanna se dedicó a evangelizar e invitar personas nuevas a las reuniones y fue puesta bajo la supervisión directa de Martín Bertinelli, uno de los líderes locales.

"Yo me sentí muy orgullosa de que me hubiera tocado que Martín me enseñara personalmente; yo lo admiraba muchísimo, me parecía una persona diferente, y para mí, él era especial; estaba dispuesta a obedecerle gustosa en cualquier cosa".

Joanna se encontraba feliz con la atención que recibía y la congregación ocupaba un lugar cada vez más central en su vida. Tanto era así que sus propios padres se encontraban molestos por todo el tiempo que invertía en sus nuevas reuniones.

Al cabo de un año fue llamada a ocupar un lugar especial en un grupo de "elite" al cual pertenecían los que eran considerados más espirituales de todo "Nuevo Amanecer". Allí comenzó a pasar mucho tiempo bajo el discipulado personal de Martín Bertinelli, quien parecía tener cada vez mayor influencia en su vida. Su amabilidad, cariño y aparente conocimiento de la Biblia hacían que ella lo viera como un líder *especial*. Como el pastor modelo. *"Era muy tierno, y eso me llegaba mucho"*, explica.

Joanna no lo sabía, pero el terreno estaba siendo preparado para lo que vendría después.

A la vuelta de un año y medio las cosas empezaron a cambiar para mal en "Nuevo Amanecer". Los pastores comenzaron a tener cada vez más amistad y contacto con el grupo Hebrón, de Guatemala, una organización religiosa sectaria que ha desarrollado una preocupante doctrina de autoritarismo y obediencia incondicional a los pastores basada en supuestas revelaciones sobrenaturales. Un ejemplo de esto es la doctrina de "la cobertura", en la cual Hebrón dice que a la gente se le meterán demonios si no están sujetos a un pastor hasta en los más mínimos detalles. Cosas como el tener amistad con cristianos de otras iglesias puede ser suficiente para que a uno se le meta un demonio, según dicen. Obviamente este tipo de enseñanzas tiende a crear un ambiente de temor supersticioso en sus oyentes, muchos de los cuales tienen miedo aun de *platicar* con gente de otras congregaciones.

Las enseñanzas y los casetes que comenzaron a llegar de Hebrón tuvieron un efecto devastador. Los pastores de "Nuevo Amanecer" rápidamente adoptaron las nuevas revelaciones y comenzaron un severo adoctrinamiento que duró alrededor de ocho meses; esto culminó en un lavado de cerebro general a toda la congregación. Durante ese tiempo, Joanna llegó a ser golpeada físicamente como parte de una terapia "espiritual", sufrió un intento de seducción por parte de un líder y fue intensamente manipulada a través de sus sentimientos.

"*Después del contacto que nuestros pastores tuvieron con Hebrón, las enseñanzas comenzaron a cambiar. Se empezó a hablar mucho de revelaciones especiales. Se nos prohibió hablar con gente de otras congregaciones cristianas. Se nos decía que nos confundiríamos si hablábamos de cualquier cosa espiritual con ellos. Eso me incomodó un poco, pues yo conocía a una amiga que asistía a otro grupo y me gustaba mucho platicar con ella.*

"*Todos debíamos tener una persona como 'cobertura' a la cual pedirle permiso para hacer las cosas. No podíamos desobedecer en nada a los pastores porque los 'rebeldes', decían ellos, terminaban como Judas, ahorcados [perdiendo la cabeza]. También nos enseñaron que para poder obedecer a Dios, teníamos primero que aprender a obedecerlos a ellos.*

"*Poco después comenzaron incluso a predicar que aunque los líderes estuvieran mal y en pecado, teníamos que obedecerlos en todo*".

"*Al principio estas doctrinas no se dieron a conocer públicamente, sino sólo al círculo más cercano de colaboradores y a los que llevábamos más tiempo; pero poco después en las predicaciones generales las cosas también comenzaron a cambiar. Ahora se nos hablaba mucho de ser humildes y llevar el yugo"*. Con esto se referían no a la obediencia a Cristo y su Palabra, sino a hacer todo lo que sus pastores les dijeran.

"Se nos dijo que en especial los jóvenes éramos rebeldes por naturaleza y debíamos de llevar el yugo del pastor. Sólo así Dios nos bendeciría. Yo tenía temor de irme al infierno si los desobedecía en cualquier cosa".

En una ocasión, Joanna tuvo un conflicto con una tía la cual asistía al mismo grupo. Sus pastores le habían estado insistiendo en que se debería de cambiarse a vivir con ella y finalmente accedió, pero las cosas no habían funcionado. Habían existido fricciones por diferencia de carácter entre ambas y su líder fue informado. Él entonces le dijo a Joanna que ella tenía una gran *rebeldía* y la convenció con versículos bíblicos mal aplicados, que el único remedio para que se le quitara era darle una *terapia* a base de varazos. Él se refería a darle golpes con un palo. Para sustentar esta doctrina citó un pasaje del libro de los Hechos en donde se cuenta la historia en la que el apóstol Pablo fue apresado y azotado con varas. *"Era un trato de Dios para romper su rebeldía"*, explicó Martín Bertinelli con aire de erudición. Joanna le creyó y decidió sujetarse y someterse a semejante tratamiento pues temía perderse si desobedecía al pastor. No quería ser "una rebelde".

"Yo ya estaba desesperada; pasaba el tiempo y, aunque externamente había cambiado mucho, yo sabía que por dentro era la misma. Cuando escuché de esta 'nueva enseñanza' pensé que sólo una situación así de extrema podría ayudarme a cambiar. He sido tan mala, pensé, que necesito algo más fuerte, la Palabra no es bastante para mí".

La escena que a continuación siguió y que se volvió a repetir en las semanas siguientes es difícil de comprender. Una joven de

20 años, en pleno uso de sus facultades mentales y que ya había comenzado sus estudios universitarios, permitió que su líder espiritual le asestara varios garrotazos en la parte baja de la espalda.

De allí en adelante ella volvió a someterse voluntariamente a esa "terapia" cada vez que él lo consideró adecuado. Inclusive le fue aplicada por otras personas del grupo.

"*Cualquier cosa en que ya no le obedecía era considerada rebeldía*", continúa Joanna. "*Poco a poco comencé a sentir resentimiento hacia él. Finalmente, manipulando mis sentimientos, siempre me convencía de que le siguiera haciendo caso. Él sabía que yo lo apreciaba mucho como persona*".

En una ocasión Joanna inclusive rogó que se le aplicara la "terapia de varazos", con la esperanza que se le saliera así "*la rebeldía que sentía en el corazón*". Al preguntársele en una entrevista si ella no se daba cuenta que estaba mal lo que le estaban haciendo, ella contestó que no se daba cuenta.

"*Ellos eran siervos de Dios, no podían hacer nada mal*".

Tampoco los otros miembros de "Nuevo Amanecer" parecían darse cuenta de estas desviaciones. Incluida una señora casada que también recibió los varazos. Cualquiera diría que estaban hipnotizados.

Más adelante, Joanna decidió platicar a una amiga del grupo parte de los conflictos por los que estaba pasando, pero el autoritarismo volvió a hacer su aparición. Fue severamente reprendida porque no tenía autoridad de hacer esto. En otras palabras, no tenía derecho a hablar con nadie de lo que le estaba sucediendo. Posteriormente los pastores tuvieron una junta y se le volvió a aplicar una dosis más de garrotazos. Esta vez fue frente a otras personas y los golpes fueron más fuertes que de costumbre.

"*Era una vara de árbol, grande. Era gruesa y me dolió bastante*", nos cuenta. "*Esa vez incluso lloré; en parte por el dolor y en parte porque me sentía culpable de lo que según ellos yo había hecho*".

Después de estas cosas, y como la obediencia de Joanna no era todavía del agrado de su líder, él decidió llevársela por un tiempo a vivir a su casa. El objetivo era enseñarle "sujeción". Allí ella tenía que lavarle el carro, limpiar la casa y otras cosas más, para "aprender a obedecerle". Hay que recordar que una de las nuevas doctrinas que sus pastores habían enseñado era que "para poder sujetarse a Dios primero tenían que aprender a obedecerlos a ellos". Joanna aceptó todo esto con la esperanza de alcanzar ese estándar de sujeción que le habían puesto, no Dios, sino quienes querían explotarla.

Por ese tiempo comenzó a leer biografías de misioneros famosos y anhelaba con todo su corazón poder ser humilde y llena de amor. Eso la motivó a seguir sometiéndose a los varazos, pues según le seguían enseñando, así se quitaría su pecado y alcanzaría la espiritualidad. Todo indica que desde el punto de vista de las enseñanzas del grupo *Nuevo Amanecer*, Jesucristo y sus enseñanzas no eran el camino para que las personas fueran espirituales, sino obedecer ciegamente a los pastores en cualquier cosa que dijeran.

La situación comenzó a hacer crisis dentro de Joanna cuando el tiempo pasó y ella no "mejoraba" como le habían prometido.

"*¿Por qué si lo he hecho todo, me he sometido a cuanta indicación se me ha dado, no veo en mí el resultado?* —se preguntaba— *¿Qué estará pasando? ¿Será que no hay poder en lo que me están enseñando? ¿Será todo mentira, o será que no hay esperanza para mí? ¿Seré peor que todos los demás? Aunque, realmente tampoco veo que los demás miembros del grupo sean totalmente transformados, ¡Tiene que haber un error, una mentira! ¿Será así en todos lados? ¿No habrá una salida real?*".

Éstos y mil pensamientos más que llenaban la cabeza de Joanna, comenzaron a despertar en ella una indignación, comenzó a darse cuenta, como si un velo se le cayera de los ojos, que estaba siendo utilizada y manipulada. Ya no creía tanto en las supuestas "revelaciones" sobrenaturales de Martín Bertinelli y eso la llevó a contradecirlo en ciertas cosas. Eso sólo le valió más regaños y restricciones de su libertad. Se sentía atrapada.

Irónicamente, la persona que terminó de ayudarla a escapar de esa pesadilla fue su mismo líder. Joanna estaba encerrada en su cuarto estudiando la Biblia una tarde, cuando fue víctima de un descarado intento de seducción de parte del iluminado pastor.

"*De pronto la puerta se abrió, él estaba totalmente desnudo y yo me asusté... Cuando él me vio así, se marchó rápidamente a su cuarto. Yo me quedé confundida y llorando. No sabía por qué había hecho eso. A los pocos minutos volvió perfectamente bien vestido y para tranquilizarme me dijo que no se había acordado que yo estaba allí. Nunca se disculpó.*

"'*Esto sucedió como una prueba de Dios para ti', me aseguró. Luego me encargó rigurosamente que no se le dijera a nadie.*

"*Al final, antes de irse, me dijo que no me sintiera mal por haberlo visto sin ropa y sin ninguna vergüenza me comentó: 'Yo a ti también te he visto'*".

Joanna se quedó fría al ver cuáles eran las verdaderas intenciones de su líder para con ella.

Cuando comprendió que Martín Bertinelli la había estado espiando cuando ella se bañaba, comenzó a verlo todo más claro. Fue "rebelde" una vez más y desobedeciendo las indicaciones que él le acababa de dar, pronto le contó a su tía lo que le había pasado. En las siguientes semanas, se comenzó a dar cuenta de la severa desviación que el grupo había tenido en los últimos meses. También comenzó a darse cuenta que su líder había estado manipulando las emociones de varias de las jóvenes del grupo en un afán por controlarlas a todas. Cuando una de ellas le obedecía hasta en sus más mínimas ocurrencias, la trataba bien y era amable con ella. Pero en cuanto había algo que a él no le gustaba, la llamaba rebelde y ponía a las demás en contra suya. Normalmente la presión grupal hacía que cualquiera de las jóvenes se volviera a someter en cuestión de unos cuantos días. Así, una semana todas estaban en contra de una y quizás la próxima todas estaban en contra de otra. Al parecer, el ego del seudo-ministro sólo se satisfacía cuando las tenía a todas a sus pies, rindiéndole admiración absoluta.

Varias mujeres se indignaron al ver que eran objeto de semejante manipulación y decidieron tener una plática con los principales líderes para aclarar esta situación. Todo fue en vano; el pastor general del movimiento Félix García, les dijo que esto era una "rebelión" de la cual "Dios ya le había anunciado de antemano por medio de una revelación". El miedo les ganó una vez más a las mujeres y volvieron a estar "sujetas" como antes. Para enfriar las cosas, Martín Bertinelli fue enviado poco después a un curso especial a la secta Hebrón de Guatemala.

Para este momento, Joanna ya no tenía ninguna duda de que el liderazgo estaba corrompido y que el grupo "Nuevo Amanecer" no era el lugar adecuado para ella. Oraba, clamaba y gemía angustiada. Lo espiritual era para ella algo muy importante pero no sabía como actuar. Sólo entendía que tenía que escapar de la asfixiante atmósfera y férreo control que sentía sobre ella. Aún tenía miedo de que dejando de sujetarse a sus líderes su alma se perdiera eternamente. La enseñanza de que tenía que obedecer a los pastores no importando qué le pidieran, estaba marcada como con hierro en su mente.

Finalmente vino la liberación. Una de sus tías al enterarse de lo que su sobrina estaba viviendo en ese grupo, aprovechó el hecho de que Martín Bertinelli estaba fuera de la ciudad y arregló para que Joanna tuviera una plática con dos consejeras cristianas de su confianza. Escuchando a Joanna por horas, ambas quedaron horrorizadas al oír las historias de palizas, manipulaciones y el cinismo con que el líder intentó seducirla. Indignadas y al mismo tiempo compadeciéndose de ella, le animaron a que buscara otro lugar en donde proseguir su búsqueda espiritual. Después de platicar con ella varias horas, Joanna entendió que Dios no podía estar "guiando" a un movimiento así. Comprendió que el camino para ser cristiana no era a base de recibir palizas y de someterse a los caprichos de un hombre manipulador. El velo se le cayó y en un momento la joven estaba entregando su vida a Jesucristo y arrepintiéndose de haber permitido que un hombre ocupara el lugar de Dios en su vida. De allí en adelante nunca más volvió a asistir a "Nuevo Amanecer".

Después de la salida de Joanna, le siguieron otras cinco personas. Dos eran mujeres que también habían sido golpeadas. Cuando los líderes se dieron cuenta de lo que estaba ocurriendo, de inmediato pasaron la voz de que todas estaban en rebeldía y prohibieron estrictamente que los congregantes les hablaran. Como era de esperarse toda la iglesia obedeció las instrucciones sin chistar.

El proceso de desprogramación no fue cosa de un día. Fueron varios meses los que requirió un equipo de médicos, ministros y familiares para razonar con Joanna y que entendiera a fondo el error de las perversas doctrinas y fobias que se le habían inculcado para controlarla.

Dos años después, Joanna finalmente alcanzó su meta. Ser una cristiana estable y conocer bien su Biblia para evitar que alguien le saque versículos fuera de contexto para explotarla. A ella le gustaría mucho poder decirles a sus amigas de "Nuevo Amanecer" que no es necesario dejarse golpear para ser cristianas. En particular, siente que tiene el deber de advertirles a las mujeres acerca de la inmoralidad sexual y las extrañas costumbres de su ex líder Martín Bertinelli. El problema es que el espíritu de control sobre el grupo es cada día más fuerte. Las doctrinas del autoritarismo siguen siendo muy enfatizadas pues los pastores no están dispuestos a que haya otra "rebelión" como la de Joanna. La última vez que ella intentó hablar con una persona del grupo, la respuesta fue tajante: *"No puedo hablar contigo, tengo que pedirle permiso a mi pastor antes"*.

Los casos de abuso sexual pastoral en contra de mujeres suceden más comúnmente de lo que se cree, aunque muchos suelen ser ocultados. Joanna detectó a tiempo la situación y pudo escapar del intento de seducción que su líder tuvo para con ella. Lamentablemente no siempre sucede así. Al menos no fue el caso de Teresa B., una joven de 15 años que desde los seis, tuvo que soportar abusos sexuales de la peor clase por parte de uno de los líderes de la Iglesia Peniel, una pequeña congregación pentecostal, ubicada en una próspera ciudad latina, que forma parte de una importante denominación internacional. Una organización que por cierto, se caracteriza por su alta incidencia en casos de abuso y seducción pastoral en contra de feligreses del sexo femenino. También enfatiza la obediencia incondicional a sus líderes. Quizás por eso Teresa tuvo que sufrir nueve largos años de violaciones en silencio bajo las amenazas de su pastor. Cuando el asunto finalmente salió a la luz, la reacción de los líderes fue muy característica de lo que siempre hacen este tipo de grupos: El asunto se encubrió. El violador no fue denunciado y simplemente se cambió a una iglesia de otra denominación, que lo recibió con los brazos abiertos.

II

Sexo y manipulación sectaria: David Koresh y otros más

Lo que sucedió en Waco, Texas, en marzo de 1993, en la rama Davidiana de la Iglesia Adventista es ya conocido por casi toda la opinión pública mundial. Sólo es necesario resumir la información para refrescar un poco nuestra memoria.

Vernon Howell, mejor conocido como David Koresh, era el líder de un pequeño grupo apocalíptico de alrededor de 90 personas que se reunía en los locales del rancho Monte Carmelo. Desde el punto de vista de un ministro, Koresh era alguien fuera de serie. No se veía, por decirlo así, nada "religioso". Era un pastor a la moda; ideal para atraer a la gente joven: pantalones de mezclilla, tenis, camisa informal o simplemente playeras estampadas. Nada de corbatas y traje para él. Su lenguaje era franco y fácil de entender, con palabras típicas del caló juvenil tejano. Usaba el pelo un poco largo y era muy afecto al rock y a ver películas de acción. También podía tomarse un par de cervezas sin cargos de conciencia. Los que lo conocieron personalmente dicen que sabía tocar bien la guitarra; su especialidad era la música moderna.

A pesar de su apariencia externa, a la hora de predicar Koresh imponía respeto. De hecho se transformaba. Conocía versículo tras versículo de la Biblia, y aunque los citaba fuera de todo contexto, era un buen orador. Además tenía, según él y sus seguidores, "revelaciones directas de parte de Dios" que dejaban a la gente que lo oía con la boca abierta. Al parecer, el singular líder sólo tenía un par de problemas; le gustaba tener sexo con menores de edad y estaba obsesionado por ejercer un control absoluto sobre la vida de sus seguidores.

Esa doble situación no tardó mucho en dar lugar a un vergonzoso episodio de abuso sexual a niñas y adolescentes que duró por varios años. A pesar de estar casado y ser padre de familia, David Koresh comenzó a seducir y tomar por "esposas" a varias jovencitas y prepúberes de su secta. Inclusive llegó a conquistar a las mujeres de algunos de sus seguidores. Todo esto lo justificó con su Biblia en la mano. Mientras violaba jovencitas, otro de sus pasatiempos favoritos era acumular armas de fuego y entrenar a sus feligreses en técnicas paramilitares para esperar el inminente fin del mundo. Su arsenal de granadas y ametralladoras era impresionante.

La depravación enfermiza de este pequeño dictador que decía ser enviado de Dios es ciertamente un extremo al que pueden llegar los líderes religiosos obsesionados con el poder, sobre todo cuando viven en comunas, aislados de la sociedad.

En el caso de los abusos a menores en Waco, hay algo que nos debe de llenar de sorpresa. Toda la gente que David Koresh pastoreaba sabía perfectamente lo que estaba pasando y nadie hizo nada. Es más, muchos lo disculpaban y estaban de acuerdo con la conducta del "siervo de Dios". En otras palabras, David Koresh sostenía relaciones sexuales aparte de con su propia esposa, con niñas y adolescentes que asistían a su agrupación y nadie hizo nunca nada por detenerlo o por denunciarlo a las autoridades.[1] Preguntémonos ahora por qué. ¿Qué fue lo que hizo que la conciencia de estas personas estuviera tan anestesiada que permitieran esto? Es más, ¿cómo es posible que padres de familia y hermanos de algunas de las víctimas, supieran lo que sucedía y lo permitieran y aun dieran su consentimiento?

---

[1] G. Carroll; P. Annin, "Children of the cult", *Newsweek*; marzo 17, 1993; pp. 36-38.

La respuesta es esta: David Koresh aisló a sus seguidores y los adoctrinó por medio de las enseñanzas del autoritarismo. En especial les enseñó la doctrina de "No juzgues".

"Tú no eres nadie para que juzgues a un siervo de Dios", "No juzgues, sólo ora" se oye comúnmente en muchas iglesias hoy en día. Bueno, David Koresh enseñaba exactamente eso. En sus propias palabras uno de los seguidores de esa secta lo dice así: "No puedes juzgar a un siervo de Dios por su conducta".[2]

La otra doctrina autoritaria que David Koresh utilizó para inhibir la capacidad de razonar de su audiencia, fue la de establecerse él mismo como un "ungido especial", un representante de Dios único y exclusivo. De esta manera, se tenía que deducir que cualquiera que lo cuestionara correría el riesgo de sufrir un castigo divino. Éstas fueron las dos enseñanzas clave que él utilizó sobre las mentes de la gente que lo escuchaba. El efecto natural de esto fue que las personas se sentían atemorizadas de hablar o señalar cualquier conducta equivocada en su líder pues no se podía "juzgar a un pastor". Eso era pecado y lo lógico es que Dios los castigaría si lo hacían. La gente estaba paralizada por el miedo y decidió entonces dejar de evaluar la conducta moral de su líder. De hecho, los seguidores de Koresh dejaron de razonar correctamente. Para ellos no importaba ya que las niñas fueran dañadas por su demencia; preferían tomar la actitud de "No veo, no oigo, y no hablo" por un mal entendido temor a ofender a Dios.

Pero la consecuencia que tuvo en sus seguidores la doctrina de que él era un líder "ungido especial" fue todavía más allá. Pues ésta daba a entender que todo lo que David Koresh hacía era correcto y tenía la aprobación de Dios. De allí se deriva por qué había gente que no sólo no se escandalizaba por sus abusos sexuales, sino que aun le entregaba gustosamente a sus hijas.

---

[2] Paul G. Fata, entrevistado por Richard Lacayo, *Newsweek*, 15 de marzo de 1993, pp. 34 - 35.

Después siguió otra consecuencia lógica: los principios éticos que están en la Biblia y que forman en gran parte la base judeo-cristiana de las leyes de la cultura occidental, dejaron de ser la guía de sus seguidores. Ahora estaban bajo otras normas de bien y mal: las de Koresh. Lo que él dijera que estaba bien, eso estaba bien, aunque fuera en contra de la conciencia, de la razón, de las enseñanzas del cristianismo y de las leyes del país. Debía ser así pues él decía ser un siervo especial de Dios. Según esta doctrina, todo lo que él dijera *tenía* que estar bien.

Lo más increíble de todo esto fue que la secta de Waco, aunque suponía seguir a Dios, realmente terminó regida por las leyes creadas por la mente torcida de su líder. Sus integrantes terminaron traicionando los principios cristianos en que se decían basar por mantenerse obedientes a un hombre. También terminaron siendo participantes del delito de encubrimiento. El intenso adoctrinamiento que sufrieron al recibir la enseñanza de que había que someterse incondicionalmente al pastor, llegó a causar que ellos, en su corazón, tuvieran a David Koresh como su dios. Koresh era para ellos la máxima autoridad en el Universo.

Éste fue el camino que pavimentó la tragedia de Waco. Cuando Koresh terminó su adoctrinamiento tenía lo que quería. Un grupo leal y servil que no lo cuestionara en nada y que le fuera obediente en todo. Una vez que hubo controlado de esa manera sus conciencias, ellos simplemente harían *cualquier cosa* que él dijera.

Con estas doctrinas y el férreo control que ejercía sobre la gente, David Koresh no tardó mucho en convencer a sus seguidores de que participaran en un tiroteo con la policía y luego de un suicidio colectivo con la promesa de que se convertirían en seres sobrenaturales de fuego que se levantarían de las cenizas para destruir "a los ejércitos del anticristo". El resultado fue la espantosa masacre del rancho Monte Carmelo, donde Koresh, y más de 80 de sus seguidores, incluyendo niños, murieron quemados.[3]

Aprendamos la lección. Recordemos siempre que ese suicidio colectivo fue resultado en gran parte de la aplicación de doctrinas autoritarias. Para lograr llevarlos a eso, Koresh primero tuvo que anular su capacidad de razonar para que no lo cuestionaran en nada. Después tuvo que usurpar el lugar de Dios en la mente de sus seguidores a través de la doctrina del "ungido especial". Cuando ellos fueron más leales a él que a la Biblia y a las leyes del país, entonces fue fácil convencerlos de que le entregaran cualquier cosa. Primero fueron sus hijas, después sus almas y sus mismas vidas.

Algo similar sucedió en el caso que estudiamos en el caso de Joanna. Ella se llegó a dejar golpear por su líder y llegó a perder su dignidad debido a que le fue robada su capacidad de razonar por medio de enseñanzas similares. Esa fue también la situación de cierta forma en la Iglesia Betania, en donde el pastor se enriquecía ilícitamente sin ser cuestionado por nadie.

Siempre que un líder religioso se vuelva totalitario y exija obediencia incondicional y absoluta a su persona, transgrediendo los mandamientos de la Biblia o de cualesquiera textos sacros en que pretenda basarse, es un David Koresh en potencia. Una vez bajo su control te puede llevar a hacer lo inimaginable.

Cuando un ministro vive, ya sea robando y haciendo fraudes o cometiendo inmoralidades sexuales, y nos dice que no debemos "juzgarlo", lo que realmente desea es que no lo cuestionemos para poder seguir haciendo lo que le place. De hecho está intentando que nos convirtamos en sus cómplices al pedirnos guardar silencio. El peligro de estar bajo la influencia de una

---

[3] El consenso de historiadores de la religión como Edwin S. Gaustad, profesor emérito de la Universidad de California, Berkeley, ha sido que se trató de un caso de suicidio colectivo. Véase: E. Gaustad, *A Documentary History of Religion in America Since 1865*. Second Edition; Grand Rapids, MI: Eerdmans, 1993.

persona así es que haremos insensibles nuestras conciencias y perderemos nuestra capacidad de detectar lo recto de lo injusto. Inclusive correremos el riesgo de llegar a decir que lo malo es bueno, como en el caso de los padres de familia que se alegraban de entregarle sus hijas a David Koresh. O como en el caso de Joanna que veía bien el que su pastor la golpeara a garrotazos.

Cuando alguien vea cualquier liderazgo que tiene alguna de estas características, es una señal de alerta. Hay que dejarlo lo más pronto posible y salir de su influencia antes de que sea demasiado tarde.

El uso de la manipulación espiritual para obtener favores sexuales no sólo ocurre en sectas exóticas como la de Waco, Texas. A veces también se da en lugares de apariencia muy respetable. El Centro Familiar Cristiano "Los Flamingos" es una próspera congregación de clase media-alta en una comunidad hispana fronteriza, al sur de Bronsville, Tejas. Se compone de alrededor de mil miembros. Allí, Joaquín y Margarita Estévez, dos de sus integrantes, tuvieron la desagradable experiencia de vivir en carne propia esta realidad cuando el Reverendo Pedro Stanley, renombrado teólogo y líder del grupo, utilizó la consejería pastoral para tratar de destruir su matrimonio. El Rev. Stanley, un cincuentón culto, casado y versado en el uso de la psicología, comenzó a aconsejar profesionalmente a Margarita Estévez por problemas matrimoniales. Haciendo uso de su carisma personal y conocimiento bíblico, combinado con su aparente interés por el bienestar de Margarita, pronto logró convencerla de que "no era la voluntad de Dios que estuviera casada con Joaquín". Como resultado, Stanley la llevó a una relación de adulterio que terminó con un oprobioso escándalo para la iglesia y con la expulsión del pastor. Gracias a Dios los Estévez lograron solucionar esta crisis y no se destruyó su matrimonio.

A pesar, de esto la dirigencia del Centro Familiar Cristiano "Los Flamingos" no tomó las debidas precauciones. Sólo un par de años más tarde hubo otro caso similar en el mismo grupo. Esta vez otro de los pastores adulteró con una joven soltera y volvió a haber otro escándalo que lastimó y decepcionó a muchas personas.

Las mujeres, sean casadas o solteras, deben tener particular precaución de no caer bajo la influencia de líderes religiosos que manipulan la fe o explotan las vulnerabilidades de sus fieles para obtener favores sexuales.

12

Autoritarismo y totalitarismo: Un signo clásico de las sectas

A continuación y para concluir nuestra descripción sobre los líderes y organizaciones religiosas autoritarias, leeremos algunos textos que nos muestran la forma en que algunas de las sectas internacionales más controvertidas controlan y adoctrinan a sus seguidores.

Comencemos por analizar lo que los Mormones enseñan:

"Si su líder le ordena hacer algo, hágalo. No es asunto suyo determinar si es correcto o incorrecto". [1]

Heber C. Kimball, líder Mormón.

"...mantenga su mirada sobre el presidente de la iglesia. Si alguna vez le dice que haga algo, y está equivocado, y usted lo hace, el Señor le bendecirá por ello". [2]

Ezra Taft Benson, apóstol de los Mormones.

"No se puede hablar mal de los ungidos del Señor y retener el Espíritu Santo en el corazón". [3]

Doctrina de los Mormones

"Cuando nuestros líderes hablan, la reflexión ya ha sido hecha. Cuando proponen un plan es el plan de Dios. Cuando señalan el camino no hay ningún otro que sea seguro. Cuando indican la dirección debería ser el fin de la controversia. Dios no obra de otra manera. Pensar que así pudiera ser, y no arrepentirse de inmediato,

---

[1] Kimball, en E. Decker; D. Hunt, *Los Fabricantes de dioses,* Miami, Florida: Editorial Betania, 1987; p.37.
[2] *Ibíd.*, p. 38.
[3] *Ibíd.*, p. 42.

puede costar la propia fe, puede destruir el propio testimonio, y hacer de la persona un extraño en el reino de Dios".[4]

DOCTRINA DE LOS MORMONES

Escuchemos ahora las declaraciones del famoso iluminado Sun Myung Moon, hablándoles a los miembros de la secta mundial llamada Iglesia de la Unificación, mejor conocida como "Los Moonies":

"*Yo soy vuestro cerebro. Toda persona y toda congregación que se oponga a la Iglesia de la Unificación decaerá gradualmente y finalmente desaparecerá*".[5]

(NÓTESE LA PRIMERA CLÁUSULA. "YO SOY VUESTRO CEREBRO").

David Koresh, el líder autoritario de la secta suicida de Waco, Texas, enseñó esto a sus congregantes:

"*No debes juzgar a un líder por su conducta moral*".[6]

PAUL G. FATA, SOBREVIVIENTE DE LOS DAVIDIANOS.

Charles Taze Rusell, fundador de los "Testigos de Jehová", hacía creer a sus seguidores que su organización era tan especial que fuera de ellos nadie tenía contacto con Dios. Éstas son sus palabras.

"*Jehová habla solamente a través de [nuestra] organización de la Watch Tower*".[7]

Si examinamos cuidadosamente las frases que acabamos de leer, nos daremos cuenta que en general, las sectas más conocidas a nivel mundial adoctrinan a sus seguidores para controlarlos en la misma forma en que Joanna, la familia López y las otras personas que vimos anteriormente fueron manipuladas en grupos

---

[4] Ídem.
[5] Sung M. Moon, en E. Decker; D. Hunt, *Los Fabricantes de dioses*, op. cit., p.217.
[6] Entrevistado por R. Lacayo, *Newsweek*, op. cit., p. 34 - 35.
[7] Russell, en W. Martin, *Witness Lee and the local Church*, Cassette: Christian Research Institute, San Juan Capistrano, California. S/F.

aparentemente cristianos. Véalo por usted mismo. No hay diferencia alguna. Las doctrinas de que "No podemos cuestionar al ungido". "Al líder hay que obedecerlo, aunque nos pida algo incorrecto" y de que "No hay que juzgarlos". Así como la idea de que un cierto grupo religioso es tan especial que si nos salimos de allí nos perderemos o alguna tragedia nos acontecerá, son métodos de adoctrinamiento propios de las sectas. Todas y cada una de esas formas de control fueron utilizadas en la historia de las personas que hemos estudiado hasta aquí.

Con esto, podemos darnos cuenta que aquellos pastores y organizaciones que utilizan este tipo de enseñanzas y técnicas de control están caminando en los mismos pasos de las sectas destructivas. De hecho, *ya se han convertido en sectas*, con la única diferencia de que están convenientemente etiquetadas como iglesias.

Jesús mismo fue quien advirtió con gran exactitud acerca de esto cuando dijo:

"Guardaos de los falsos profetas, que vienen a vosotros con vestidos de ovejas, pero por dentro son lobos rapaces".
Mateo 7:15

La mayoría de los estudiosos en este campo de investigación, concuerdan en que una de las características de una secta destructiva es precisamente la existencia de un liderazgo autoritario e incuestionable que utiliza trucos para mantener cautivos a sus seguidores y explotarlos.

"Esta forma de autoridad lleva a los seguidores a una dependencia total con respecto a la secta en lo relacionado con creencias, conducta y estilo de vida. Cuando caen en manos de un líder especialmente corrupto, los resultados pueden ser muy lamentables..."[8]
Profesor J. McDowell

---

8 J. McDowell; D. Stewart, *Estudio de las sectas*, Miami, Florida: Editorial Vida 1988; p. 20.

Por su parte el doctor Alejandro Deutch, director del Área de Atención a Problemas Mentales de la Clínica Cabrini del Centro Médico de Nueva York opina lo siguiente:

"*Cuando hay un absoluto control [en la secta], esto sugiere que hay algo muy enfermizo allí*".[9]

"*Este tipo de líderes no tiene gente alrededor que los pueda meter en línea. Pueden comenzar bastante bien, pero conforme se incrementa, el poder que tienen sobre sus seguidores se vuelve algo intoxicante. Muchos de ellos se presentan así mismos como [si tuvieran] una línea especial de comunicación con Dios...*"[10]

Por todo lo anterior, podemos concluir con toda seguridad que si alguien está involucrado con líderes, pastores, o agrupaciones que tengan las características que hasta aquí hemos venido analizando, está, sin lugar a dudas, en una secta, no realmente en una iglesia cristiana.

Y si es así, existiría siempre el peligro latente de que este tipo de líderes y organizaciones eventualmente le llegue a controlar de una forma tan profunda, que pueda terminar perdiendo su capacidad de razonar, su dignidad, o involucrándose en delitos, complicidades, inmoralidades, conductas autodestructivas o cosas peores.

---

[9] A. Deutch, en "From prophets to losses", *Newsweek*; marzo 15, 1993; p. 43.
[10] *Ídem*.

13
¿A QUIÉN LE PUEDE PASAR?

Nadie está inmune de llegar a caer presa de líderes espirituales explotativos. Nadie está realmente a salvo de este peligro, mucho menos aquellas personas que con actitud orgullosa dicen "a mí no me puede pasar". Parejas, familias, hombres casados, madres solteras, amas de casa, profesionales, científicos y personas de mucho mundo, han llegado a ser, según los estudios más recientes, víctimas de ministros y organizaciones autoritarias. Ni siquiera el ser alguien con educación superior constituye una protección absoluta. Joanna era una joven estudiante universitaria y le pasó. David Koresh tenía entre sus seguidores ¡a un teólogo! Más adelante mencionaremos el caso de un universitario que fue atrapado por una secta absolutista que operaba en colegios de educación superior. El grupo apocalíptico japonés *Verdad Suprema*, tenía entre sus más fieles seguidores a varios científicos que adoraban al gurú Shoko Asahara, un iluminado totalitario que guió a su secta a cometer actos terroristas. Mujeres muy cultas y devotas han sido objeto de fraudes o abusos sexuales por parte de sacerdotes manipuladores.

Esto sucede en gran parte porque las doctrinas del autoritarismo llegan a lavarle sutilmente el cerebro a los que las escuchan. El proceso de adoctrinamiento y manipulación está tan bien disfrazado que la gente difícilmente se da cuenta, sino hasta que ha sufrido algún grado de explotación. Con la gracia de Dios, lo único que realmente puede ayudar a alguien a no caer en esta trampa, o a escapar de ella, es que *aprenda* a identificar las características de los líderes religiosos autoritarios y sus doctrinas y tome la firme resolución de mantenerse alejada de ellos.

Normalmente, el escenario en que suceden los abusos por parte de ministros es *al interior* de comunidades religiosas, en contacto con lideres en un contexto de relación pastoral y jerárquica. Manejando categorías muy amplias, el primer grupo de riesgo, por lo tanto, esta compuesto precisamente por quienes pertenecen o son *miembros* de un grupo x. El segundo son los *simpatizantes*, aquellos que se encuentran en un proceso de búsqueda espiritual aunque aun no son miembros comprometidos. El tercer grupo de riesgo es la *sociedad en general*, que es el campo natural de captación y proselitismo religioso. Aunque existe una escala de riesgo ascendente en el transito de prosélito potencial a miembro comprometido, es obvio que finalmente esta realidad abarca a la población en su conjunto. En países con libertad de creencias es posible transitar y, por decirlo así, *destransitar* ese camino varias veces y a distintas velocidades. No se trata necesariamente de estados permanentes, aunque a menudo lo son. Y los procesos de proselitismo pueden ser bastante rápidos, sobre todo cuando las alternativas religiosas se presentan o publicitan a si mismas con tintes comerciales y hasta consumistas. En el presente *boom* de la globalización religiosa, es ingenuo pensar que existen sectores de la sociedad que se pueden sustraer totalmente de la influencia del "marketing espiritual" o que son *inmunes* a ser proselitados. Por ello es crucial adquirir información para poder detectar a los maestros de la manipulación religiosa. Sin ellas es casi imposible estar a salvo de una mala experiencia, una vez que alguien se ha involucrado con un pastor, sacerdote, o liderazgo explotativo.

A continuación se proporcionan varios puntos clave para identificar a líderes y organizaciones destructivas. Más que dar una lista de nombres, lo cual resultaría impractico, se describen las *características generales* y sus principales estrategias de manipulación. Dado que éste es un libro dirigido principalmente al público de habla hispana en el contexto latino, el énfasis es necesariamente el de grupos y líderes que utilizan elementos cristianos en su discurso y se identifican ante la sociedad como tales.

Parte II

Cómo reconocer a los pastores abusivos

Cómo reconocer a los pastores abusivos

Hasta aquí hemos estudiado distintos casos de la vida real, de personas que fueron víctimas de líderes religiosos autoritarios. Como expliqué en un principio, se escogieron estas historias con toda intención ya que son representativas de lo que les sucede a miles de personas cada año.

Es conveniente en este momento hacer un alto y subrayar algunas conclusiones importantes.

En los capítulos anteriores aprendimos que existen pastores, sacerdotes y líderes religiosos que tienen una obsesión por que se les obedezca ciegamente. Reclamando ser representantes de Dios, hay algunos que aun se atreven a pedir que sus seguidores violen lo mismo las leyes divinas que las humanas. Para lograr que la gente haga esto, utilizan al igual que las sectas destructivas, las doctrinas del autoritarismo hasta que provocan una especie de lavado de cerebro en sus oyentes. Este tipo de líderes frecuentemente se niegan a ser cuestionados en cuanto a sus conductas personales, aunque imponen a otros estrictas reglas morales. Se suelen volver agresivos, cínicos y aun peligrosos cuando alguien decide desobedecer sus caprichos o no accede a ser explotado. Hemos visto también que este tipo de liderazgo se puede encontrar prácticamente en cualquier organización. Puede ser en un grupo independiente como fue en el caso de Joanna; en una denominación con costumbres tradicionalistas como le sucedió a la familia López, en una iglesia católica como le sucedió a María Luisa, o en una secta aberrante como la de David Koresh, en Waco, Texas.

A continuación queremos hacer algunas preguntas importantes, ¿qué tipo de persona es el líder autoritario? en otras palabras:

¿Cómo los podemos reconocer? ¿Cuál es el perfil de estos tiranos disfrazados de pastores? El otro cuestionamiento, ya parcialmente respondido es este: ¿Quiénes pueden llegar a caer en sus manos? ¿Qué tipo de personas son propensas a ser sus víctimas?

La respuesta al primer punto es que no hay un perfil definido para reconocer a estos pastores. Suelen ser muy distintos entre sí y tener pocas cosas en común. Por ejemplo, la familia López de la "Iglesia de la Fe en Dios" estaba bajo el liderazgo de un hombre, que como vimos, era el clásico pastor denominacional. Era un dirigente casado, de edad madura, de aspecto serio, educado, con carácter fuerte y don de mando. Su trato con la gente era seco y en general se apegaba fielmente a los credos y principios tradicionalistas de su denominación. Normalmente se mostraba formal tanto en sus enseñanzas como en organizar sus programas de actividades religiosas.

Sin embargo, Joanna se encontró con un líder muy diferente, pero que resultó ser tan dañino o peor que el anterior. Era un adulto joven de aspecto sano, carácter muy dulce, inteligencia notable y con una sonrisa que podía desarmar a cualquiera. Aparentemente poseía un conocimiento de la Biblia admirable y hablaba mucho del amor de Dios. En su aspecto, según la opinión de varias ex miembros de "Nuevo Amanecer", parecía ser una persona sumamente espiritual, sensible y con una gran preocupación por el bienestar de sus ovejas. Él no tenía lo que podríamos llamar un carácter impositivo o "fuerte". Más bien era el tipo de persona que te podía llevar a hacer lo que él quisiera por medio de sus palabras amables y cargadas de emocionalismo. Era un manipulador profesional de los sentimientos.

En cambio, el tristemente célebre David Koresh se sale de los dos estereotipos anteriores. Tanto su manera de vestir como de vivir eran bastante descuidadas. Utilizaba el pelo crecido hasta el hombro y usaba ropa informal. Su lenguaje, aun al predicar, a veces caía en lo vulgar. Sus enseñanzas no tenían un enfoque especial en el amor ni tampoco estaban basadas en un credo denominacional. No había tradiciones, ni rituales, ni nada parecido. Su énfasis estaba en las enseñanzas apocalípticas y las "revelaciones personales". Era adicto al rock, a las películas de violencia y a coleccionar rifles. Su estilo de vida proyectaba una imagen de promiscuidad y rebeldía contra todo. No era el típico pastor. Era totalmente diferente en su manera de ser a los líderes autoritarios anteriores, pero su estilo resultaba atractivo para cierta audiencia.

El padre Luis Parra, por otra parte, era un sacerdote de edad madura, seco, que oficiaba misa fielmente de acuerdo a los preceptos ortodoxos del catolicismo. Le gustaba relacionarse con gente influyente, pero parecía también un hombre versado en la caridad al cuidar de una anciana en su vejez, mostrando interés en ayudarla a administrar sus propiedades. Cuando le hubo saqueado todos sus bienes emergió su verdadero carácter. Su inhabilidad para mostrar empatía con su víctima y pesar por sus acciones, su prepotencia así como el cinismo con que se expresaba de la viuda agraviada, son rasgos sociopáticos magnificados. Esto es en parte consecuencia del gran respaldo institucional con que contaba para delinquir. Luis Parra se sabía protegido y eso lo hacía más dañino y peligroso.

En resumen, los malos líderes religiosos pueden ser muy distintos unos de otros.

OBSESIÓN POR CONTROLAR

Si queremos identificar a los pastores abusivos tenemos que aprender esta lección: No nos guiemos por las apariencias externas pues puede tratarse de *cualquier persona*, en especial del tipo en que todo se ve bien por fuera. Para aprender a reconocerlos tenemos más bien que conocer *qué tienen en común*.

Sin importar doctrinas, denominación, iglesia, rito, secta, o estilo de predicación, la característica inconfundible de los líderes autoritarios es ésta: *ejercen un fuerte control sobre sus congregantes para sacar provecho personal.* En otras palabras, tienen *una mentalidad* tendiente a dominar y manipular la conciencia de la gente para obtener algo de ella. Los líderes autoritarios, aunque sean distintos en carácter o en apariencia, siempre tienen esto en común y con tal de controlar a la gente utilizan todo tipo de trucos. Manipulan la conciencia, las creencias, las expectativas, las necesidades y en especial la Biblia. Manipulan los sentimientos, las emociones y el respeto que sus seguidores sienten hacia ellos. Este espíritu o mentalidad de control no es un pequeño defecto de carácter o algo que se hereda o que se adquiere por contagio o accidente. Es más bien la consecuencia de una vida de egocentrismo perverso.

JEROBOAM Y EL REY SAÚL

La Biblia nos muestra ejemplos de esta obsesión por controlar a la gente en las vidas de líderes religiosos como Jezabel, el rey Saúl y Jeroboam.

Saúl, un dirigente del pueblo de Israel, tenía obsesión de ser siempre el más importante [1ª Samuel 15:12; 15:30; 18:6-8]. Tenía tanto miedo de perder su posición que vivía en una constante preocupación. Eso lo llevó a implantar un opresivo sistema de gobierno sobre el pueblo de Dios para vigilar que nadie fuera a llegar a ser tan popular como él [1ª Samuel 18:9-12; 19:1; 20:30-33; 22:17-18].[1]

Jeroboam, por su parte, creó un sistema religioso para controlar a las multitudes y seguir teniendo la posición cómoda y próspera de un rey. Así tendría ganancias económicas, un trato especial y poder [1ª Reyes 12:26; 28-33]. La avaricia y el materialismo del *pastor* Jeroboam lo llevaron a ejercer un

---

[1] Todas las citas Bíblicas utilizadas en este libro fueron tomadas de la versión Reina-Valera 1960, a menos que se indique lo contrario.

autoritarismo tan fuerte que aun agredió y persiguió a gente justa e inocente [2ª Crónicas 13:8-9].

Este tipo de control autoritario es egoísmo en su máxima expresión. Es el hombre queriéndose hacer como Dios, al exigir obediencia absoluta.

JESÚS NO TENÍA UNA OBSESIÓN POR CONTROLAR

En contraste con todo esto, vemos que Cristo, siendo el Hijo de Dios, no tuvo un espíritu de control; aun cuando en una ocasión vio que varios de sus discípulos se iban, no los persiguió ni los amenazó. Tampoco montó una campaña de difamación en su contra para oprimirlos y hacerlos volver al redil. Es más, aún preguntó a Pedro y a los pocos que le quedaban, si también ellos se querían ir.

> *Desde entonces muchos de sus discípulos volvieron atrás, y ya no andaban con él. Dijo entonces Jesús a los doce: ¿Queréis acaso iros también vosotros?*
>
> JUAN 6:66-67

Jesús tampoco actuaba como tirano ni manipulaba los sentimientos de la gente para extraerle dinero. No estaba cada dos semanas diciendo a sus discípulos que él era la autoridad. No tenía necesidad, pues los discípulos lo sabían. La autoridad de Cristo venía del servicio, del amor desinteresado y de la unción que había sobre su vida [Mateo 20:25-28; Juan 15:12-13; Hechos 10:38]. Aunque él instruía, corregía y mantenía una disciplina entre los discípulos, siempre les enseñó que las Escrituras y el Padre eran la máxima autoridad espiritual [Mateo 16:23; Juan 14:28; 5:39].

Es fácil ver por qué los líderes y grupos autoritarios siempre tienen que estar adoctrinando casi hasta el punto de la obsesión a sus pupilos diciéndoles que tienen que estar sujetos a ellos y que ellos son los "ungidos" de Dios. Es porque simplemente no tienen ninguna autoridad espiritual y eso se nota. Por eso tienen que convencer a sus iglesias casi cada semana de que les hagan caso.

EL ORIGEN DEL ESPÍRITU DE CONTROL

¿Qué razones puede tener un líder espiritual para querer controlar a las personas? Existen muchas, pero todas se resumen en una: satisfacer algún deseo egoísta. En el caso de David Koresh era obvio que anhelaba dos cosas: placer sexual a toda costa y tener la preeminencia. Él manipuló a la gente hasta lograr exactamente eso. Al final, pudo tener relaciones sexuales con muchas mujeres de su grupo y su rebaño le sirvió como plataforma para centrar en sí mismo la atención pública mundial. El origen de su autoritarismo eran la lujuria y el orgullo.

Tanto en el caso del sacerdote Luis Parra como en el caso de Samuel y su esposa en la Iglesia Betania, el móvil del liderazgo para ejercer control era más fácil de identificar. Simple y sencillamente era avaricia. En este último caso, el plan era obtener dinero a cualquier costo y para eso se utilizaban la manipulación y la presión grupal. Lo mismo le sucedió a la señora López y a su familia en su denominación apostólica. El "pastor" y su esposa eran increíblemente voraces y materialistas. Tanto que se atrevieron a construir una casa para uso personal con las ofrendas que habían estado levantando entre indígenas mayas pobres para supuestamente construir un templo. Cuando la señora López y su hermana Elizabeth decidieron no seguir siendo cómplices de estas fechorías, fueron ferozmente perseguidas y difamadas porque eran un obstáculo para lograr estos fines. Volviendo al sacerdote Luis Parra, vemos también, además de una voracidad profana, la misma reacción de persecución feroz contra las víctimas. En ambos ejemplos, la persecución contra los agredidos tenía dos fines. Uno psicológico y otro pragmático. Al "satanizar" a quien se ha agraviado, el líder explotador intenta aliviar el cargo de conciencia tratando de pensar que de alguna manera, la víctima era "mala" y merecía haber sufrido. Pero sobre todo, se persigue a la víctima para intimidarla y que no denuncie los hechos. De esa manera, los pastores que abusan tratan de evitar tener consecuencias por sus acciones y seguir con su reputación intacta para poder explotar a otros impunemente.

El Nuevo Testamento, en 3ª de Juan 9-11, nos narra la historia de un líder de la Iglesia, llamado Diótrefes, un sujeto que expulsaba a los congregantes que no se sometían a sus caprichos. Él también difamaba a los que se oponían a sus maldades enseñoreándose de la Iglesia. ¿Por qué actuaba así? El apóstol Juan nos dice en el versículo 9 que a Diótrefes le gustaba "tener el primer lugar" en la congregación. Su pecado y motivación eran la vanidad.

También existen dirigentes de sectas, a quienes el orgullo los mueve a controlar a otros. Quieren ser considerados "exitosos" por la sociedad y eso implica que deben tener una congregación lo más grande posible. Si por alguna razón una persona o familia decide en un momento dado dejar de asistir a su organización, eso hará que por consecuencia haya menos gente. Es más, eso puede provocar también que otros sigan el mismo ejemplo y se vayan. Eso significará menos congregantes, y ante los ojos de sus seguidores y de las demás iglesias menos éxito. Un liderazgo orgulloso no puede soportar eso y por lo general recurrirá a implantar un sistema tiránico para retener a las personas y lograr a como dé lugar que la gente que se fue, regrese. En estos casos se ha visto que el espíritu de control empezará a operar inmediatamente. La doctrina de "eres un rebelde si no me obedeces" hará su aparición y comenzarán las manipulaciones, la presión grupal, y el miedo infundido por medio de amenazas religiosas. Quizá se recurrirá también a difamar y ensuciar la reputación de aquellos que se fueron para que a lo menos la gente no siga su ejemplo. Normalmente, los pastores que buscan el éxito a toda costa recurrirán a lo que sea con tal de no perder adeptos y disminuir su popularidad.

No es necesario complicarnos buscando demasiadas causas o porqués de la obsesión que algunos líderes tienen por controlar. La Biblia, el libro por excelencia sobre la conducta humana, enseña a través de incontables y gráficos ejemplos que la causa de que existan líderes religiosos autoritarios será por lo general: sexo, dinero, poder, orgullo, fama, etcétera.

14

Métodos de manipulación y doctrinas autoritarias

Una vez que hemos comprendido que la gran característica de los pastores autoritarios es su insaciable apetito por controlar para sacar provecho de sus ovejas, podemos movernos ahora a estudiar dos puntos más que nos darán el panorama completo para poder identificarlos fácilmente.

Las formas en que una organización religiosa o un ministro cristiano pueden ejercer control y enseñorearse sobre sus congregantes por lo general se resumen en dos: *métodos de manipulación y doctrinas autoritarias.*

Los métodos de manipulación son formas o maneras de presionar a la gente y llevarla a hacer lo que quieren. *Las doctrinas autoritarias* son enseñanzas, a veces mezcladas con perversiones de conceptos cristianos o versículos bíblicos, que tienen el objeto de provocar una especie de lavado de cerebro; un severo adoctrinamiento que puede lograr que las personas dejen de utilizar su razón, inhiban su capacidad de decisión propia y lleguen a llenarse de un temor supersticioso al líder. Esto dará por resultado que los miembros de una organización se sometan incondicionalmente a sus líderes en varias áreas y les obedezcan a veces hasta en sus más mínimos caprichos.

Estos dos puntos, los métodos de manipulación, y las doctrinas autoritarias, son la gran clave para detectar a tiempo cuando estamos frente a un pastor, líder, sacerdote, organización o secta explotativa.

MÉTODOS DE MANIPULACIÓN:
PRESIÓN GRUPAL, DIFAMACIÓN, Y DESCRÉDITO

Uno de los métodos religiosos más utilizados para controlar las conciencias humanas es la presión grupal. Ministros sin escrúpulos no dudarán en voltear a la gente de su iglesia en contra de personas que han caído de su gracia o que se han dado cuenta de sus fechorías. Cuando esto sucede es común que el liderazgo comience campañas de murmuración en contra de aquellos que ya no les obedecen ciegamente como antes. La idea con esto, es asegurar que la gente rechace a los que se han salido de su control al desacreditarlos. Esto hará también que haya una fuerte presión moral sobre las personas disidentes. Es clásico que los malos pastores manchen la reputación de las personas en cuestión, pues solo así podrán lograr que la gente los rechace. Puede ser que culpen a sus ovejas de ser "rebeldes" o quizás les digan que "no tienen a Dios", como vimos que sucedió con la familia López. Si esto no funciona, entonces pueden acusarlos de deslealtad a la iglesia como hicieron los directivos de Casa del Niño Don Bosco contra la madre del niño abusado sexualmente que se atrevió a denunciar penalmente al sacerdote Juan Manzo. Comúnmente utilizarán difamaciones fuertes y que causen impacto entre su audiencia. Alarmantes acusaciones de que la persona está "endemoniada" son comunes. También de que predica "doctrinas falsas". O como en otros casos que estudiamos, rumores de que se intenta provocar "división" por personas "satánicas", entre otras imputaciones.

El rechazo de aquellos que han sido compañeros de una persona por años y con quienes se ha creado un lazo de afecto y amistad, puede causar muchísimo sufrimiento y es una forma preferida por algunos para ejercer presión y volver a traer a la sumisión incondicional a la "oveja extraviada".

MANIPULACIÓN EMOCIONAL

Sin embargo, hay organizaciones que prefieren otros métodos para manipular, y pueden ser inclusive formas totalmente diferentes a la anterior. Un joven universitario que junto con otras personas escapó de una secta que era guiada por un iluminado sumamente autoritario, nos contó cómo intentaron hacerlos regresar. Sus ex compañeros lo rodeaban de halagos y apelaban mucho a sus sentimientos con frases como: *"Regresen para que todo sea como antes"*, *"Los amamos mucho"*, *"Acuérdense que hemos sido amigos"*, *"No nos dejen solos"*. Este joven nos narró cómo sentía por dentro que sus sentimientos se desgarraban al oír estas palabras de parte de líderes a los cuales él amaba, pero que definitivamente estaban causando daño a muchos. Él y sus compañeros tuvieron que ser muy firmes. Muchas veces sintieron que flaqueaban cuando manipulaban sus sentimientos. A veces se sintieron muy tentados a regresar a la secta.

TERRORISMO RELIGIOSO

Cuando estos métodos no surtieron el efecto esperado, los dirigentes de la secta cambiaron a lo que vendría a ser una tercera forma de manipulación: el miedo; una especie de "terrorismo religioso". Ya no eran palabras dulces. De pronto comenzaron a lanzarles amenazas horribles de lo que les "haría Dios" si no volvían a la secta y los atormentaban cada vez que los veían con frases tales como: *"Ustedes ya están desechados"*. También les hicieron negras predicciones acerca de que se perderían eternamente si no regresaban al grupo. Gracias a Dios, el miedo no surtió su efecto y ellos se mantuvieron firmes y valientes en su decisión de no seguir en ese lugar. Obviamente, tampoco se cumplieron las amenazas que recibieron. Por el contrario, la secta se desintegró alrededor de un año después.

SEMBRANDO EL MIEDO POR MEDIO DE LA DUDA

Cabe señalar aquí que cuando un liderazgo religioso utiliza el método del miedo para controlar a sus feligreses, en ocasiones lo hará en una forma sutil y menos directa que en el caso anterior.

En más de diez años de estudiar este fenómeno religioso he constatado que es común el método de sembrar la duda para producir temor. "Estoy preocupado por ti", es una expresión que suelen decirle a quien ya no quiere seguir en el juego de algún mal pastor. "Estoy orando por ti", "Tengo una revelación de que estás en peligro", "Siento que algo anda mal". En fin, todo lo que pueda sembrar dudas y confundir, terminará despertando los miedos del ser humano y todos sabemos que cuando el hombre es controlado por el miedo, no es libre para actuar. Esto es lo que buscan los líderes autoritarios.

DOCTRINAS AUTORITARIAS
SOBRE-ÉNFASIS EN LA ENSEÑANZA DE LA SUJECIÓN A LA AUTORIDAD

Siempre será preocupante que un grupo haga demasiado énfasis en el sujetarse a su autoridad. Por lo general eso indica que están temerosos e inseguros, y que la gente no reconoce *naturalmente* en ellos autoridad espiritual. Recordemos que casi todos los líderes que analizamos en los primeros capítulos hacían un fuerte énfasis en la obediencia a su autoridad. También observamos la misma doctrina, llevada a peculiares extremos, en las sectas de los Mormones, los Moonies y David Koresh. Cuando veamos que un liderazgo que se dice cristiano actúa así, tomémoslo como un signo de alerta, pues este sobre-énfasis es una perversión de la doctrina bíblica del respeto a las autoridades espirituales.

La Palabra de Dios enseña que debemos respetar, honrar y apoyar a genuinos líderes espirituales. Esto lo sabe cualquier persona que haya leído la Biblia por lo menos una vez. En todos los ámbitos de la sociedad existen relaciones de liderazgo que requieren seguir instrucciones, o sea "sujetarse".

Las escuelas secundarias tienen directores, las universidades, rectores y consejos directivos. En la milicia hay jerarquías, en una empresa, gerentes, en los sindicatos, líderes, en la oficina de prensa, un jefe. En distintos grupos sociales existen consensos de obediencia implícitos o explícitos entre dirigentes y subordinados. Esto está basado en el reconocimiento mutuo de la necesidad de dirección, organización y guardar reglamentos por el bien común. Pero en estos acuerdos sociales siempre *existen límites a lo que los líderes pueden pedir y hacer*. Existen también por lo general mecanismos de rendición de cuentas e instancias superiores que puedan supervisar, corregir, o en su caso destituir a alguien que abusa de su posición de autoridad.

Según la Biblia, en el cristianismo también existen normas y mecanismos que regulan la conducta y la funciones de los pastores. El problema es que los líderes autoritarios no suelen informar a sus seguidores de dichos límites. Les conviene mas hacerle creer a la gente que "Dios enseña que se les debe obedecer en todo y jamás cuestionarlos". Si mas creyentes leyeran con cuidado su Nuevo Testamento, los dirigentes autoritarios tendrían que empezar a buscar otro libro para tratar de respaldar sus tiranías. Eso le quitaría el *estatus sagrado* a sus doctrinas autoritarias y entonces perderían bastante capacidad de manipular a tantas personas.

Otro problema es la exageración de la enseñanza del respeto a la autoridad espiritual. Es cierto que la Biblia enseña un nivel de obediencia a los pastores, pero también es cierto que no lo repite cada dos páginas como es costumbre de los líderes autoritarios. La verdad es que de aproximadamente 33 mil versículos que contiene la Biblia, en el Nuevo Testamento sólo existen 6 versículos que hablan de este tema, y además *siempre* están balanceados con pasajes que nos advierten que hay que dejar de obedecer y aun confrontar a aquellos líderes que se desvían [Hechos 4:19; 5:29; Mateo 15:14; 7:15; Filipenses 3:2].

Como es de esperarse, estos últimos textos nunca son mencionados por los grupos que sobre-enfatizan la enseñanza de la sujeción a la autoridad.

LÍDERES QUE SE NIEGAN A SER CUESTIONADOS O CORREGIDOS

Otra doctrina definitivamente autoritaria es aquella en la que los pastores dicen o *dan a entender* de alguna manera que no los podemos cuestionar en cuanto a su conducta moral. Esto es grave y suele ser un escondrijo para gente con serios problemas éticos. Por no decir también que es el colmo de la soberbia que un simple ser humano se atreva a decir que está más allá de corrección o de necesitar la ayuda de los demás. Si un líder cristiano enseña que no puede ser cuestionado, o se niega a recibir corrección y exhortación por parte de otros cristianos cuando yerra, no es un verdadero pastor. Es un pequeño tirano con delirio de infalibilidad.

Las frases que usualmente usan los falsos ministros para evitar ser cuestionados son parecidas a éstas: "*Tú no eres nadie para juzgar al ministro*", "*no juzgues, sólo ora*" Recordemos que esto fue lo que sus dirigentes le dijeron a Elizabeth para que siguiera obedeciendo a su pastor aun cuando él quería involucrarla en los fraudes que estaba haciendo. Eso fue también la idea que le metieron en la cabeza a Joanna para que se dejara golpear por su líder espiritual en "Nuevo Amanecer". David Koresh adoctrinó a sus seguidores precisamente con esa doctrina para que no cuestionaran su escandalosa inmoralidad sexual y proclividad a la violencia.

Entendámoslo: cuando un líder autoritario enseña insistentemente que no lo debemos juzgar, por lo general lo que quiere decirnos es que él quiere vivir haciendo fechorías o delinquiendo, y que no desea que nadie lo confronte.

LA ENSEÑANZA DE LA OBEDIENCIA INCONDICIONAL

Otra enseñanza que fomenta el autoritarismo es la que dice que debemos obedecer al ministro en todo lo que él pida aunque esté contradiciendo la Palabra de Dios que él mismo enseña. Para respaldar esta doctrina torcida se suele hacer mucho énfasis en que estos líderes son "los ungidos de Dios", los siervos elegidos o los representantes en exclusiva de Cristo en la tierra. Esto provoca que las ovejas los vean como superhombres o seres infalibles, en lugar de lo que realmente son: simples seres humanos que derivan su autoridad moral y espiritual a través de las enseñanzas de las Sagradas Escrituras y que pueden desviarse y corromperse si se descuidan. Esta doctrina fue la que hizo que los seguidores de David Koresh le obedecieran inclusive para cometer crímenes. Del mismo modo, Joanna, según explicó ella misma, no se atrevía a cuestionar el que la golpearan, pues le habían enseñado esa doctrina, *"si es un siervo de Dios o un ungido, todo lo que hace o dice tiene que estar bien"*.

Teresa, la adolescente que fue abusada sexualmente por su pastor en la Iglesia Pentecostal Peniel, fue expuesta a este mismo tipo de adoctrinamiento. En el catolicismo esta enseñanza está implícita en muchos casos de abuso sexual a menores y en fraudes como el que sufrió María Luisa Montoya.

La enseñanza falsa de que los líderes religiosos son gente tan "especial" que no está sujeto a rendir cuantas a sus feligreses ha sido propagada en muchas ocasiones por medio de un texto del Antiguo Testamento que dice "No toquéis a mis ungidos" [Salmo 105:15][1]. El objetivo de esta enseñanza es provocar un temor supersticioso en los oyentes. Temor de no "tocar" al ungido para no pecar contra Dios. "No tocarlos" según interpretan estos tiranos modernos, es no cuestionarlos en lo más mínimo o no desobedecer ni siquiera sus más extraños caprichos. De esta manera intimidan a la gente y la inhiben en sus conciencias para manipularlas como ellos quieren. En ocasiones esta enseñanza se refuerza con amenazas de horribles castigos y frases como las que enseña la secta guatemalteca Hebrón, *"todos los que no se sujetan, terminarán como Judas"*. Es la forma de gobernar por medio del imperio del miedo y del temor servil.

Dado que este tipo de doctrinas autoritarias es principalmente el que provoca que la gente quede cautiva de líderes y pastores sin escrúpulos, y dado también que ya hemos visto los graves daños que pueden sufrir quienes las escuchan, en el siguiente capítulo explicaré claramente la doctrina correcta de la sujeción a la autoridad espiritual y refutaré los dogmas del autoritarismo más comunes en las iglesias. Para esto utilizaré textos bíblicos contextualizados, así como un breve resumen histórico de lo que han creído las iglesias cristianas al respecto.

Que Dios nos dé gracia para comprender la diferencia entre tener una relación sana con las autoridades espirituales o estar bajo la influencia dictatorial del autoritarismo. Es crucial entender bien cuales son los límites de la autoridad pastoral y cuando Dios nos autoriza, o aun nos instruye, a desobedecer a un liderazgo cristiano.

---

1 Para una explicación de la interpretación correcta del texto sobre "No toquéis a mis ungidos" véase el capítulo 16.

15
Los límites de la autoridad pastoral

Todos los gobernadores del reino, magistrados, sátrapas, príncipes y capitanes han acordado por consejo que promulgues un edicto real y lo confirmes, que cualquiera que en el espacio de treinta días demande petición de cualquier dios u hombre fuera de ti, oh, rey, sea echado en el foso de los leones... Firmó, pues, el rey Darío el edicto y la prohibición... Cuando Daniel supo que el edicto había sido firmado, entró en su casa, y abiertas las ventanas de su cámara que daban hacia Jerusalén, se arrodillaba tres veces al día, y oraba y daba gracias delante de su Dios, como lo solía hacer antes.

Daniel 6:7,9 y 10
*Daniel, desobedeciendo abiertamente
a una legítima autoridad.*

¿En dónde pueden esconderse pastores orgullosos, egocéntricos y deseosos de manipular? ¿En dónde puede refugiarse un liderazgo para inculcar las más extrañas aberraciones teológicas? ¿En dónde pueden esconderse decenas de ministros mentirosos, fraudulentos y aun delincuentes sexuales? La respuesta es una: en el autoritarismo. Cuando alguien no puede ejercer su ministerio, basado en la verdad, en el servicio amoroso y en la honestidad, necesita recurrir al uso de la manipulación y a un sistema de gobierno autoritario para imponerse sobre las conciencias de las personas y poderlas controlar.

¡Cuánta gente ha sufrido abusos, manipulaciones y maldades de todo tipo por parte de pastores opresivos! ¡Cuántas personas han estado bajo organizaciones religiosas autoritarias viendo manipulaciones, charlatanería y toda clase de mentiras y se han quedado calladas por el miedo! ¡A cuántos conocemos que se dicen cristianos y toman como máxima autoridad en su vida a un hombre de carne y hueso que delinque peor que un criminal de carrera y no a Dios! ¡Cuántos grupos cristianos hoy en día tienen que recurrir a la mentira y a infundir miedo para poder mantener su influencia sobre las multitudes!

AUTORIDAD O AUTORITARISMO: LA DIFERENCIA

La gran clave para entender la diferencia entre estar bajo autoridad o estar bajo un liderazgo autoritario está en el Nuevo Testamento. Dios no dejó hombres, ni concilios, ni falibles religiones como depositarios de la verdad. Él dejó las enseñanzas de Jesucristo y de sus apóstoles inspirados. Éstas son la máxima autoridad en cuestión de fe y conducta. Esto se comprueba en varios pasajes del Nuevo Testamento:

> *Dios, habiendo hablado muchas veces y de muchas maneras en otro tiempo a los padres por los profetas, en estos postreros días nos ha hablado por el Hijo, a quien constituyó heredero de todo, y por quien asimismo hizo el universo.*
> HEBREOS 1:1-2

> *...las palabras que yo os he hablado son espíritu y son vida.*
> JUAN 6:63

> *Tenemos también la palabra profética más segura, a la cual hacéis bien en estar atentos como a una antorcha que alumbra en lugar oscuro, hasta que el día esclarezca y el lucero de la mañana salga en vuestros corazones.*
> 2 PEDRO 1:19

> *Toda la Escritura es inspirada por Dios, y útil para enseñar, redargüir, para corregir, para instruir en justicia, a fin de*

> *que el hombre de Dios sea perfecto, enteramente preparado para toda buena obra.*
>
> 2 Timoteo 3:16 y 17

Es tan notorio que la Biblia es la máxima autoridad para los cristianos, que Pablo al despedirse para siempre de sus ovejas en Efeso, dijo:

> *Y ahora, hermanos, os encomiendo a Dios, y a la palabra de su gracia, que tiene poder para sobreedificaros y daros herencia con todos los santificados.*
>
> Hechos 20:32

El mismo apóstol dice:

> *Pablo, siervo de Jesucristo, llamado a ser apóstol, apartado para el evangelio de Dios.*
>
> Romanos 1:1

¿Quién era mayor? ¿Pablo o el Evangelio? ¿El mensajero o el mensaje? El mensaje era la causa de que él hubiera sido escogido. Hagamos una analogía con la Constitución de nuestro país. ¿Quién es mayor, el magistrado que está para interpretar y actuar de acuerdo a los preceptos de ésta, o la Constitución misma que lo autoriza a ejercer sus funciones y aun las regula?

La máxima autoridad en cuestiones espirituales y éticas para los cristianos es el Nuevo Testamento y estamos obligados moralmente a seguir cualquier enseñanza que esté claramente plasmada en él, pues es la expresión de la voluntad Divina para nosotros. Si un determinado líder se separa de las enseñanzas del texto sacro, su autoridad ministerial se termina. Si algún pastor nos pide algo contrario, no puede ser obedecido, y si cualquier ministro se niega a ser cuestionado con base en las enseñanzas de Jesús, no es digno de crédito.

Estar bajo autoridad, correctamente entendido y cristianamente hablando, es sujetarnos a las enseñanzas de Jesucristo, a través de un liderazgo que enseña y vive de acuerdo a ellas. Estar bajo autoritarismo o tiranía religiosa, es obedecer a un líder que nos pide cosas contrarias a la Palabra de Dios.

EL NUEVO TESTAMENTO ES LA MÁXIMA AUTORIDAD PARA LOS CRISTIANOS

A pesar de lo que muchos pastores y autonombrados profetas modernos quieren hacernos creer, ni siquiera los apóstoles del pasado como Pedro o Juan pretendían tener mayor autoridad que las Sagradas Escrituras. Ellos tenían las enseñanzas de Jesús por encima de ellos y no se molestaban ni llamaban rebeldes a aquellos que cuestionaban su conducta o les mostraban un error doctrinal.

Leamos el siguiente ejemplo narrado por el apóstol Pablo:

Pero cuando Pedro vino a Antioquía, le resistí cara a cara, porque era de condenar. Pues antes que viniesen algunos de parte de Jacobo, comía con los gentiles; pero después que vinieron, se retraía y se apartaba, porque tenía miedo de los de la circuncisión. Y en su simulación participaban también los otros judíos, de tal manera que aun Bernabé fue también arrastrado por la hipocresía de ellos. Pero cuando vi que no andaban rectamente conforme a la verdad del evangelio, dije a Pedro delante de todos: Si tú, siendo judío, vives como los gentiles y no como judío, ¿por qué obligas a los gentiles a judaizar? Nosotros, judíos de nacimiento, y no pecadores de entre los gentiles, sabiendo que el hombre no es justificado por las obras de la ley, sino por la fe de Jesucristo, nosotros también hemos creído en Jesucristo, para ser justificados por la fe de Cristo y no por las obras de la ley, por cuanto por las obras de la ley nadie se ha justificado.

GÁLATAS 2:11-16

Aquí podemos aprender fácilmente la enseñanza correcta de la verdadera sujeción a la autoridad en el Nuevo Testamento. Esto fue lo que sucedió:

Uno. Pablo reprendió públicamente al gran apóstol Pedro por no andar conforme a la verdad que dejó Jesús. El Nuevo Testamento nunca dice que estuvo en rebeldía por confrontarlo.

Dos. Pedro había andado personalmente con Jesús y era un líder reconocido en la Iglesia de Jerusalén con mucha autoridad, y aun con todo eso fue reprendido.

Tres. Pablo lo confrontó *públicamente*. Ni siquiera esperó a estar a solas con él, pues su conducta hipócrita era considerada grave.

Cuatro. Pedro llevaba más años en el ministerio que Pablo.

Cinco. Pablo no utilizó de palabras lisonjeras o adualadoras; fue claro y franco al hablar con Pedro.

Seis. Aparte de reprender a Pedro, Pablo implicó también a otro conocido ministro, Bernabé, quien había caído en el mismo error. Bernabé había sido como el padre espiritual de Pablo y le presidió durante algún tiempo en el ministerio [Hechos 9:26-27].

Siete. Pablo aparte de señalar el error doctrinal de ambos, denuncia por nombre el problema de conducta, en este caso, la hipocresía [Gálatas 1:13].

Ocho. Y luego de todo esto, el asunto lo está sacando a la luz en una carta a los Gálatas, delante de toda la Iglesia, pues era un ejemplo que los iba a advertir contra el mismo error.

El Nuevo Testamento nos da suficientes evidencias de que Pedro reconoció su error y se sometió a las Escrituras. ¿Quién era la máxima autoridad aun entre aquellos que vieron personalmente a Jesús? La Sagrada Escritura.

Este pasaje nos demuestra que en los inicios del cristianismo no había líderes autoritarios que se ofendían cuando se les cuestionaba. Tampoco proliferaban los ministros delicados que exigían que se les hablara con palabras ceremoniosas y suaves por temor a ofender su ego. Las pláticas eran francas y directas y había libertad para poner las cosas en claro. La verdad escritural era la máxima autoridad, y todos, incluidos los apóstoles, se regían por ella.

Tengamos cuidado con aquellos que no se guían por esta regla, pues de hecho, desde el punto de vista teológico, un signo clásico de que una organización se ha convertido en una secta es cuando en la práctica, los líderes son considerados una autoridad mayor que la Biblia. Esto lo explica muy bien un conocido profesor universitario en su libro *Estudio sobre las Sectas*:

> "Una señal segura de que estamos en presencia de una secta, es que su autoridad máxima en asuntos espirituales descansa en algo distinto de las Sagradas Escrituras".[1]

EL DERECHO A CUESTIONAR A NUESTROS LÍDERES

Si como ya hemos visto, un legítimo apóstol que caminó y vivió con Jesús como Pedro, fue abiertamente cuestionado y hasta reprendido por no ceñirse a la verdad, cuánto más debemos nosotros cuestionar a cualquier líder, pastor o maestro que se desvíe de las enseñanzas bíblicas o que incurra en transgresiones éticas o delitos. Debemos cuestionarlo aunque con esto nos llamen "rebeldes" o cualquier ocurrencia similar. Nuestra obligación es y será siempre, cuestionar y confrontar y denunciar a cualquier persona que diciéndose cristiana pretenda enseñar cosas que no están realmente basadas en las enseñanzas de Cristo, y las manipule para sacar provecho económico o sexual de las personas.

---

[1] J. McDowell; D. Stewart, op. cit., p. 17.

Alguien tal vez dirá que Pablo era un ministro y Pedro un ministro y que sólo un ministro puede cuestionar a otro. Pero eso es falso. No sólo los ministros pueden corregir o confrontar a otros ministros. También los creyentes tienen derecho a hacerlo, pues Dios no hace acepción de personas.

Cuando Pablo, el apóstol que hacía grandes milagros y había tenido visiones del tercer cielo, fue a predicar a una ciudad llamada Berea, sus oyentes revisaron cuidadosamente las Escrituras para ver si era cierto lo que Pablo decía:

> *Inmediatamente, los hermanos enviaron de noche a Pablo y a Silas hasta Berea. Y ellos, habiendo llegado, entraron en la sinagoga de los judíos. Y éstos eran más nobles que los que estaban en Tesalónica, pues recibieron la palabra con toda solicitud, escudriñando cada día las Escrituras para ver si estas cosas eran así.*
>
> HECHOS 17:10-11

Aquí tenemos un grupo de gente que, aunque estaba ante un predicador famoso, quería asegurarse que en nada contradijera al libro divino.

El Nuevo Testamento mismo nos dice que ésta era una actitud correcta, pues los llama *nobles* por eso; no rebeldes ni escépticos, como los grupos religiosos autoritarios pretenden hacerlo con cada persona que después de oírlos, va y revisa su Biblia para verificar si es cierto lo que enseñan, y luego los cuestionan. De hecho, no sólo tenemos derecho a cuestionar las enseñanzas de un ministro; Las Escrituras enseñan que podemos y debemos cuestionar su manera de vivir. Jesús mismo dejó una instrucción que dice que a cualquier persona que diga enseñar de parte de Dios y tenga una apariencia exterior correcta, lo debemos conocer por sus frutos. Esto ciertamente implica evaluar sus acciones.

Guardaos de los falsos profetas, que vienen a vosotros con vestidos de ovejas, pero por dentro son lobos rapaces. Por sus frutos los conoceréis. ¿Acaso se recogen uvas de los espinos, o higos de los abrojos?

Mateo 7:15 y 16

Pero no sólo el Nuevo Testamento enseña esto. El derecho a cuestionar la doctrina y la vida de aquellos que dicen ser líderes espirituales ha sido siempre reconocido en la historia cristiana:

"...Los congregantes tienen todo el derecho de examinar cuidadosamente a sus líderes espirituales. Tienen el derecho de cuestionar profundamente a aquellos que pretenden ser sus pastores. Necesitan saber si aquellos que ocupan el púlpito son hombres y mujeres de verdad o si son falsos. Muchos, muchos cristianos son demasiado fáciles de engañar. Aceptan casi cualquier enseñanza mientras todo parezca correcto por encima. Demasiado pocos estudian la Palabra de Dios lo suficiente para saber la diferencia entre la verdad y el engaño. ¡No es de extrañar que caigan presa de impostores!"[2]

W. Phillip Keller

Juan Wesley, uno de los teólogos de Oxford más renombrados de la historia cristiana tenía una regla para determinar si un líder cristiano era realmente genuino. Primero revisaba si vivía una vida recta y piadosa. Después lo cuestionaba para ver si tenía un buen entendimiento de las principales doctrinas cristianas. En tercer lugar, buscaban si algunas de las personas que lo escuchaban habían recibido la gracia de la salvación. No se trataba de ver si sus oyentes lloraban en un mensaje o si

---

[2] P. Keller, *Predators in our pulpits*, Eugene, Oregon: Harvest House Publishers, 1988; p. 59.

cambiaban algunas ideas o costumbres. Era necesario ver que sucedieran conversiones profundas en ellos.

Wesley y sus colaboradores revisaban personalmente y con mucho cuidado las supuestas conversiones que había bajo tal o cual ministro. Si todos los puntos anteriores se cumplían, entonces confiaban en que el ministro tenía una genuina vocación y era alguien espiritual.[3] Los criterios de Wesley para evaluar a un ministro exigían, no solo ortodoxia sino un alto grado de congruencia entre principios y praxis. En especial, exigían ver beneficios concretos en la vida espiritual de los creyentes, no en los bolsillos o fama personal del ministro.

Los dos ejemplos anteriores nos confirman, sin lugar a dudas, que los cristianos tenemos *el derecho* a cuestionar a nuestros líderes espirituales.

---

[3] A. C. Outler, *John Wesley*, New York: Oxford University Press 1964; p. 161.

16

LO QUE SIEMPRE CREYÓ LA IGLESIA CRISTIANA EN CUANTO A LA AUTORIDAD

Respondiendo Pedro y los apóstoles, dijeron: Es necesario obedecer a Dios antes que a los hombres.

HECHOS 5:29

La realidad de que el texto de las Sagradas Escrituras es la máxima autoridad para los cristianos, y de que los ministros pueden ser cuestionados, desobedecidos, y aun desconocidos con base en ellas, es clara. Ha sido, en general, universalmente aceptada a través de la historia por importantes teólogos de distintas tradiciones. Recurriré a algunos pasajes históricos para ilustrarlo:

John Wycliffe (1371). El legendario profesor de teología en la Universidad de Oxford sostenía, por ejemplo, que ningún líder tiene un ministerio válido si vive habitualmente en pecado.[1]

Juan Huss (1415), ardiente reformador de la Iglesia Cristiana, fue un erudito que no pudo ser refutado por los líderes religiosos más famosos de su época, cuando éste los denunció por intentar alterar las enseñanzas de las Escrituras e imponer sus dogmas para explotar a los pobres. Fue uno de los mártires más famosos de la historia del cristianismo y conocía perfectamente los principios de la genuina autoridad.

"...Sólo debemos hacerles caso si sus enseñanzas concuerdan con las Santas Escrituras".

---

[1] J. Foxe, *Foxe's Book of Martyrs,* Springdale, P.A.: Whitaker House 1984; pp. 52-53.

"*...Si un ministro de Cristo vive de acuerdo a sus preceptos, conoce y entiende las Escrituras, y tiene un sincero deseo de edificar a la gente, debe de predicar; y si algún... otro ministro... se lo prohíbe, debe desobedecerlo*".[2]

Samuel Rutherford (1600-1661). Hombre de reconocida espiritualidad y rector de la Universidad de St. Andrews, Escocia, estableció un importante principio en cuanto a las autoridades civiles cuando escribió el libro *Lex Rex*. En esta excelente obra, Rutherford demuestra que las leyes son la máxima autoridad sobre los gobernantes y que si un líder las quebranta entonces debe ser desobedecido.[3]

Cuando se le preguntó hasta dónde puede estar un cristiano en sujeción a otro, John Wesley respondió que ésta sólo puede llegar hasta donde la conciencia se lo permita. Asimismo, dijo que "ni a un obispo, ni a un concilio de pastores, ni a nadie en la tierra, nos podemos sujetar en cosas que violen nuestra conciencia o que vayan en contra de la Palabra de Dios."[4]

Finney (1792-1875). Considerado uno de los teólogos más progresistas de su época, recomendaba que los cristianos *dejaran* a aquellos pastores que no vivían de acuerdo a lo que la Biblia enseña.[5]

Veamos ahora a algunos académicos contemporáneos:

Michael Horton (1990). Teólogo y autor del libro *La Agonía del Engaño*, señala en esta obra que el autoritarismo es uno de los signos claves para identificar a los falsos ministros. También explica con gran acierto que cuando un ministro se niega

---

2   *Ibíd.*, pp. 95, 120.
3   F. Shaeffer, *A Christian manifesto*, Westchester, Illinois: Crossway Books 1981; p. 99.
4   A. C. Outler, op. cit., p. 164.
5   C. Finney, *Principles of revival*, Minnesota: Betany House Publishers, 1987; p. 195.

a ser cuestionado o corregido entonces es momento de abandonarlo y dejar su organización.[6]

Hank Hanegraaff (1993). Uno de los especialistas en apologética contemporánea más reconocidos y director de una de las organizaciones más importantes a nivel mundial en el estudio de las sectas, especialmente de las mercantilistas, expone lo siguiente en cuanto a este tema:

> "Los representantes de Dios son conocidos, por encima de todo, por su pureza de carácter y de doctrina [Tito 1:7-9; Tito 2:7-8; 2ª Corintios 4:2 cf. 1ª Timoteo 6:3-4]. Si alguien que aspira a ser un vocero de Dios no puede pasar la prueba bíblica del carácter y la doctrina, entonces no hay razón alguna para aceptar a esa persona. No deberíamos de tener miedo de ofender a Dios por criticarles".[7]

> "Ningún líder puede estar exento de que se evalúen bíblicamente tanto sus enseñanzas como su conducta".[8]

Con estos ejemplos de diferentes épocas, podemos tener una panorámica general de qué es lo que la Iglesia Cristiana ha creído en cuanto a la autoridad. Por supuesto que en otra columna podríamos apilar en contraposición también muchas citas de teólogos y jerarcas religiosos que enseñaban exactamente lo contrario: la sumisión servil y acrítica a las autoridades espirituales. La diferencia entre éstos y los que hemos revisado es sólo una: sólo los primeros pueden sustentar su posición en las enseñanzas del Nuevo Testamento y el ejemplo de Jesús.

El resumen es éste: ningún líder tiene derecho a pedir obediencia absoluta e incuestionable sea quien sea. Los principios del texto

---

6 M. Horton, *The Agony of Deceit*, Chicago: Moody Press, 1990; pp. 225, 257.
7 H. Hanegraaff, *Cristianismo en crisis*, Miami, Florida: Editorial Unilit 1993; p. 388.
8 *Ibíd.*, p. 389.

del Nuevo Testamento son la máxima autoridad para los cristianos en cuestión de fe y conducta. Es absolutamente lícito, y a menudo un deber, cuestionar, confrontar, desobedecer e incluso denunciar a aquellos pastores que se salen o actúan contrariamente a sus lineamientos. Especialmente cuando dañan a otros.

¿HASTA DÓNDE DEBE UNO SUJETARSE A UN MINISTRO?

Con base en todo lo que hemos estudiado hasta aquí, no hay duda de cuáles son los límites de la autoridad espiritual de un pastor o predicador. Cualquier líder, secta o religión que pretenda exigir una obediencia mas allá de lo que la Biblia enseña claramente, está *fuera* de autoridad y no estamos obligados a hacerle caso.

Cualquier liderazgo que nos pida algo que es contrario a los claros mandamientos de Dios está él mismo en rebeldía. Nos está pidiendo que pequemos y el *deber* de todo cristiano es *desobedecerlo*.

RESISTIENDO LA TIRANÍA RELIGIOSA

Es de vital importancia que entendamos este último concepto. No sólo tenemos el derecho de desobedecer a un ministro si éste nos pide que hagamos o creamos algo que a todas luces es contrario a los principios de la Palabra de Dios. No sólo *podemos* desobedecerlo. *Tenemos* que desobedecerlo o de lo contrario pecamos contra Dios. Esto lo podemos comprender mejor analizando las siguientes preguntas:

¿Alguien le haría caso a un ministro que le dijera que golpee a su esposa? ¿Tenemos que obedecerle a un líder que nos pida algo inmoral? (Robar por ejemplo.) ¿Debemos quedarnos callados cuando un pastor nos pide que seamos cómplices de fraudes o engaños? ¿Alguien estaría obligado a hacerle caso a un ministro que le dijera que encubra un delito? Jamás. Nunca. Y no hacerle caso *no sería pecado* ni "rebeldía" ante Dios. Todo lo contrario: nuestra obligación ética sería *no hacerle caso*. Debemos tener muy claro que si un liderazgo utiliza métodos de presión como amenazas de expulsión o excomunión, o ponernos etiquetas, o decir que "no debemos juzgar", porque lo cuestionamos, o para manipularnos y tratar de obligarnos a hacer algo que es contrario a Cristo, la conciencia y la razón, no está usando el principio de la autoridad espiritual, sino el principio de la tiranía y del autoritarismo, el cual lejos de tener aprobación divina, es diabólico.

"Muchas personas hoy en día son capaces de soportar toda clase de conductas inmorales en un ministro, sin atreverse siquiera a pensar en salir de su organización. Es común que haya gente que ve a sus líderes cristianos pedir prestado y no pagar (o sea, robar), mentir y hasta cometer pecados sexuales y no sólo no dicen nada, sino que hasta creen que están actuando cristianamente al solapar y ser cómplices de delincuentes religiosos. ¡Qué equivocados están, pues el someterse a este tipo de tiranía los corrompe a ellos moralmente y no agrada a Dios! La verdad es que en vez de ser ésta una actitud cristiana, es una actitud pecaminosa y cobarde. Es ponerse debajo, no de la autoridad de Dios, sino de una esclavitud satánica".[9]

La cita anterior ha sido tomada de uno de los estudios más leídos sobre este tema, y nos confirma definitivamente que el genuino carácter cristiano no es el de un individuo pasivo que apoya moral y económicamente [diezmos, limosnas, ofrendas] a líderes u organizaciones religiosas que dañan y manipulan a otros. El verdadero carácter cristiano, como bien lo dijo el

---

[9] E. Israel, *Dejadlos, son ciegos, guías de ciegos*, Monterrey, Nuevo León: Ediciones Hay Esperanza, 1993; p. 18.

Apóstol Pablo en Efesios 5:11 es no participar de tales abusos y denunciarlos públicamente:

Y no participéis en las obras infructuosas de las tinieblas, sino más bien reprendedlas.

En otras palabras, un cristiano debe *oponerse abiertamente* a la tiranía de los líderes religiosos autoritarios, pues al hacer esto, está oponiéndose al reino de las tinieblas. Samuel Rutherford expuso brillantemente esta verdad cuando dijo:

> "Dado que la tiranía es algo satánico, el no resistirla es ir en contra de Dios. Por otro lado, el resistir la tiranía, es honrar a Dios".[10]

En resumen, lo que los cristianos debemos hacer, es tener siempre los evangelios como regla máxima de autoridad y seguir de buen agrado a aquellos líderes cristianos que viven y enseñan de acuerdo a ella. Todo esto entendiendo que tenemos el derecho a cuestionar con respeto, pero también con firmeza, a cualquier ministro que enseñe o viva en forma contraria a la Palabra de Dios. Por otro lado, debemos estar listos a desobedecer y denunciar a aquellos ministros que se atreven a pedir cosas contrarias a la ética cristiana. *Es necesario obedecer a Dios antes que a los hombres* [Hechos 5:29].

---

[10] F. Shaeffer, op. cit., p. 101.

17
Desenmascarando las doctrinas autoritarias

A continuación hacemos un breve análisis de las falsas doctrinas más frecuentemente utilizadas por líderes y pastores autoritarios para lograr manipular a sus ovejas.

LOS LÍDERES AUTORITARIOS TE PUEDEN ESTIGMATIZAR COMO "REBELDE" SI DECIDES APARTARTE DE ELLOS

Es común que aunque en la Biblia la rebeldía se define como el acto de desobedecer los mandamientos de Dios, los dictadores religiosos llamen rebeldes a los que se salen de debajo de su sistema de control. Esto es sólo un método de manipulación para presionar a la gente y no debe tomarse en cuenta, pues en la Escritura, Dios llama rebeldes exclusivamente a aquellos que desobedecen los preceptos éticos divinos. Como prueba tenemos estos textos:

Entre tanto, mi pueblo está adherido a la rebelión contra mí; aunque me llaman el Altísimo, ninguno absolutamente me quiere enaltecer.

OSEAS 11:7

Aarón será reunido a su pueblo, pues no entrará en la tierra que yo di a los hijos de Israel, por cuanto fuisteis rebeldes a mi mandamiento en las aguas de la rencilla.

NÚMEROS 20:24

Pero acerca de Israel dice: Todo el día extendí mis manos a un pueblo rebelde y contradictor.

ROMANOS 10:21

Si una persona que decide dejar una organización religiosa no es culpable de alguna fechoría o incumplimiento de sus compromisos cristianos, entonces, ¿en dónde está la rebeldía? El término "rebelde" por lo regular se les aplica a las personas cuando se niegan a ser cómplices de manipulaciones doctrinales y actos ilícitos de líderes autoritarios.

Es sorprendente que aquellos ministros y sectas que están fuera de autoridad espiritual, tengan el cinismo de llamar rebeldes a aquellos que ciñéndose a las Escrituras los cuestionan, piden reformas a prácticas autoritarias, se niegan a participar en ilícitos o los denuncian. Dicho de otro modo, hay sistemas religiosos que están en rebeldía, y que llaman rebeldes a aquellos que actúan en consonancia con la autoridad de las enseñanzas de Jesús. Increíble.

Irónicamente, el Nuevo Testamento mismo es el que califica de rebeldes a aquellos ministros y grupos religiosos que aparte de sus innumerables fraudes, inmoralidades y desobediencias al Evangelio de Cristo, condenan a los inocentes llamándoles "rebeldes".

Nunca debemos temer las acusaciones de "rebeldía" que provienen de ministros que viven en forma inmoral o deshonesta o que se han apartado de las enseñanzas de Cristo. No tienen ninguna autoridad divina.

EL MITO DE QUE NO HAY QUE CUESTIONAR A LOS UNGIDOS

Una de las enseñanzas favoritas para infundir miedo y mantener las conciencias de la gente cautivas y sin utilizar su razón, está basada en este texto del Antiguo Testamento; El verso dice *no toquéis, dijo, a mis ungidos* [Salmo 105:15].

Con este pasaje los líderes autoritarios pretenden, en primer lugar, establecerse ellos mismos como tales ungidos. En segundo lugar enseñan que nadie en su congregación puede cuestionar en base a las Escrituras al ministro ni señalar que alguna práctica o doctrina está mal, ¡mucho menos decir que está en pecado, aunque sea comprobable y esté afectando a las personas!, pues eso es "tocar al ungido" y según dicen ellos, "te acarreará el castigo de Dios sobre tu vida". De esta manera pueden enseñar lo que ellos quieran, y así también pueden conducirse como mejor les parezca sin tener que responder ante nadie por nada de lo que hacen.

Esta doctrina de "sujeción a la autoridad" no sólo es falsa, también es contraria a las enseñanzas de Jesús, pues el Nuevo Testamento enseña que si nuestro prójimo *cae en pecado* o enseña error, tenemos la obligación de exhortarlo. Leamos el evangelio de Mateo 18:15:

> *Por tanto, si tu hermano peca contra ti, ve y repréndele estando tú y él solos; si te oyere, has ganado a tu hermano*

Por su parte, Efesios 4:25 dice así:

> *Por lo cual, desechando la mentira, hablad verdad cada uno con su prójimo; porque somos miembros los unos de los otros.*

No importa si es pastor, maestro, ministro, misionero, profeta o quien sea; El Nuevo Testamento enseña que si nuestro prójimo está en pecado, tenemos el deber y compromiso de confrontar su falta. El negarse a hacer eso es pecado. Es una falta de amor.

De inicio, esto es suficiente prueba para que nos demos cuenta que el mito de que no hay que cuestionar a los autonombrados ungidos es falso, pues se contradice con estos claros mandamientos del Nuevo Testamento.

LA INTERPRETACIÓN CORRECTA DEL TEXTO: "NO TOQUÉIS, DIJO, A MIS UNGIDOS"

¿Entonces qué significa realmente el pasaje del Salmo 105:15?

En primer lugar se refiere, en el contexto, a Abraham y su descendencia en su etapa inicial como *los ungidos*, no a un líder particular. En ese caso una aplicación moderna del pasaje sería que no se debe de tocar a ningún miembro del pueblo de Dios. ¿Pero que significa "tocar"? Bueno, el pasaje fue dado para que las poderosas naciones vecinas del pueblo hebreo, en aquel entonces un pequeño grupo nómada, no lo saquearan, mataran, o robaran mientras iban en sus peregrinaciones. "Tocar" significaba en el contexto, no dañar físicamente a Abraham y su familia. Esto es todo lo que dice el pasaje y si nos damos cuenta, esto no tiene nada que ver con que esté prohibido confrontar, reprender, denunciar, cuestionar o apartarse de un líder religioso que delinque o tuerce las enseñanzas de Cristo.

Si como los líderes autoritarios nos dicen, "tocar" a un ungido es cuestionar a un ministro y eso está prohibido, entonces ¿por qué Pablo cuestionó y reprendió a Pedro y luego registró el hecho en una carta como un ejemplo a los cristianos de Galacia? [ver Gálatas 2:11-16].

Si es cierto que "no podemos" corregir a un ministro, ¿entonces como podemos obedecer Mateo 18:15, en donde Dios nos pide que exhortemos a cualquiera que sea nuestro prójimo y "peque contra nosotros"?

Si no le podemos decir a un líder cristiano si tiene errores, entonces, ¿cómo vamos a seguir Efesios 4:25 en donde se nos pide que hablemos la verdad con la gente que tenemos compañerismo espiritual?

Y si el exhortar a un pastor, cuando está comprobado que ha torcido las enseñanzas cristianas, es pecado, ¿entonces, Pablo pecó por decirle a los Gálatas que Pedro había tenido un serio error doctrinal?

Aprendamos esto: la Biblia nos permite tanto cuestionar a los ministros, como también confrontarlos cuando vemos que hay un serio error doctrinal o de praxis ética en sus vidas. Esto lo establece claramente la Palabra de Dios:

> *Este testimonio es verdadero; por tanto, repréndelos duramente, para que sean sanos en la fe.* Tito 1:13

> *Que prediques la palabra; que instes a tiempo y fuera de tiempo; redarguye, reprende, exhorta con toda paciencia y doctrina.* 2 Timoteo 4:2-3

> *Como te rogué que te quedases en Efeso, cuando fui a Macedonia, para que mandases a algunos que no enseñasen diferente doctrina.* 1 Timoteo 1:3

> *Amados, por la gran solicitud que tenía de escribiros acerca de nuestra común salvación, me ha sido necesario escribiros exhortándoos que contendáis ardientemente por la fe que ha sido dada una vez a los santos.* Judas 3

De hecho, no sólo tenemos el derecho de cuestionarlos. También tenemos el derecho de abandonarlos y salir de su esfera de influencia si se rehúsan a corregir su conducta inmoral o enseñanzas torcidas. Leamos lo que enseña al respecto Cristo.

> *Dejadlos; son ciegos guías de ciegos; y si el ciego guiare al ciego, ambos caerán en el hoyo.* Mateo 15:14

> *Por tanto, si tu hermano peca contra ti, ve y repréndele estando tú y él solos; si te oyere, has ganado a tu hermano. Mas si no te oyere, toma aún contigo a uno o dos, para que en boca de dos o tres testigos conste toda palabra. Si no los oyere a ellos, dilo a la iglesia; y si no oyere a la iglesia, tenle por gentil y publicano.* Mateo 18:15-17

Con todo lo anterior vemos que los grupos autoritarios manipulan las Escrituras para evitar rendir cuentas de sus acciones a sus ovejas. En su afán por no ser cuestionados sacan los textos fuera de su contexto original, torciéndolos.

LA REBELIÓN DE ABSALÓN

Otra enseñanza aberrante sobre la sujeción a la autoridad está basada en el relato clásico de Absalón y David. Con pasajes fuera de contexto, se dice que cualquiera que critique al pastor, o se salga de su organización, es como Absalón, quien se rebeló contra su padre David [ver 2ª de Samuel, capítulos 15-18]. Esta enseñanza termina diciendo que, como Absalón murió, así terminarán en "muerte espiritual" quienes cuestionen a sus líderes o se opongan a sus errores. Rápidamente veamos la falsedad de esta doctrina:

Es una falta total de ética ministerial aplicar la historia de Absalón así, por lo siguiente:

Uno. Absalón no era cristiano; era un conocido asesino que mató a su hermano y cometió adulterio contra su propio padre. Su caso no se puede aplicar al de cualquiera.

Dos. No hay pruebas de que a él le interesara mas que el poder político y satisfacer su sed de venganza. No le interesaba llevar una vida espiritual.

Tres. La Biblia nunca dice que Absalón intentó cuestionar las doctrinas o la conducta personal de David, ni habló con él acerca del tema. Tampoco se apartó de la congregación de David por algún fraude, ilícito, o aberración doctrinal que vio.

Cuatro. La intención de Absalón era matar a su padre, nunca denunciarlo, confrontarlo o simplemente alejarse de él.

Qué manera tan cínica de manipular las Escrituras es el aplicar esta terrible historia al caso de personas que cuestionan con sinceridad a sus líderes sobre su conducta o la veracidad de sus enseñanzas, o que salen de sus organizaciones autoritarias.

"A UN MINISTRO NUNCA SE LE DEBE OPONER, AUNQUE ESTÉ MAL"

Otro pasaje bíblico conocido, muy relacionado con el anterior y que se usa para reforzar el autoritarismo en las congregaciones es cuando David corta un trozo del manto de Saúl, el pasaje dice así:

> *Entonces los hombres de David le dijeron: He aquí el día de que te dijo Jehová: He aquí entrego a tu enemigo en tu mano, y harás con él como te pareciere. Y se levantó David, y calladamente cortó la orilla del manto de Saúl. Después de esto se turbó el corazón de David, porque había cortado la orilla del manto de Saúl.* 1 Samuel 24:4-5

"¿Lo ves?", dicen los promotores de la tiranía espiritual, "ni aun un trozo del manto le debió tocar y por eso David estaba temblando. Nadie debe exhortar o cuestionar a un siervo de Dios aunque esté tan mal como Saúl". Examinemos cómo también este punto de vista es falso.

Número uno. Veamos el contexto, recordemos que Saúl no era ministro, era rey. Él era una autoridad civil, y aunque estaba cometiendo injusticias, eso no le daba derecho a David a destruir parte de su propiedad privada (su capa), ni arriesgarse a dañar físicamente a un gobernante.

De la misma manera, se infiere que no debemos destruir las cosas de alguna persona, ni dañarle físicamente por cometer ilícitos o porque viva inmoralmente como un hipócrita. El Nuevo Testamento es claro al prohibir las venganzas personales. Acudir a las autoridades civiles cuando hay un delito es el camino a seguir. Está escrito en Romanos 12:19, *"no os venguéis vosotros mismos, amados míos, sino dejad lugar a la ira de Dios; porque escrito está: Mía es la venganza, yo pagaré, dice el Señor"*. David estuvo a punto de vengarse por su propia mano, por eso se turbó.

Número dos. David no obedecía en nada al rey Saúl ni se sometía a sus caprichos, y no por eso estaba en pecado o en rebeldía. No tenía por qué obedecer a un ministro que había traicionado la Palabra de Dios [ver 1ª de Samuel 15:23].

Número tres. Dios favoreció a David aunque no se sometía a la autoridad rebelde de Saúl. Hay muchos textos que demuestran esto [ver 1ª de Samuel 25:16-17; 1ª de Samuel 23:4-5].

Por último. Mucha gente de Saúl había decidido dejar su liderazgo corrupto, y no hay registro en la Escritura que insinúe que por ello hicieron mal. Por el contrario, eran bendecidos por Dios. [ver 1ª Samuel 22:1-2; 1ª Samuel 23:4-5].

EXCOMUNIÓN Y EXPULSIÓN
"DIOS NO PUEDE BENDECIR A UNA PERSONA QUE SE SALE DE SU IGLESIA"

Seguramente todos hemos escuchado la frase que acabamos de leer pero a continuación veremos que la realidad es todo lo contrario.

La Biblia enseña que a veces hay razones legítimas para dejar una congregación y en esas ocasiones Dios sí bendice a los que lo hacen.

- David fue bendecido cuando dejó Israel y el liderazgo espiritual de Saúl bajo el cual estuvo varios años [ver la historia de David en 1ª Samuel].
- La tribu de Judá fue bendecida aun estando separada de las demás tribus de Israel [ver Oseas 11:12].
- Juan Bautista fue bendecido habiéndose separado del ministerio corrupto de los fariseos de su época [ver Mateo 3:7 y Mateo 11:9].
- Jesús fue bendecido, aun cuando abandonó las tradiciones religiosas de sus padres [ver Juan 9:16].

- Los apóstoles y los discípulos del tiempo de Jesús fueron bendecidos cuando dejaron la religión que habían practicado por años [ver Juan 9:34 y Hechos 18:4-6].
- Históricamente:
- Los seguidores de Wesley en Norteamérica abandonaron la comunión de la Iglesia Anglicana. Todo indica que fueron bendecidos espiritualmente.[1]
- Los puritanos dejaron la Iglesia estatal de Inglaterra y fueron a los Estados Unidos para escapar de una religión opresiva. Ellos tuvieron un importante avivamiento según la historia.[2]

Por si esto no bastara, sólo mencionaré unos cuantos casos de individuos que dejaron sus organizaciones religiosas y después fueron importantes instrumentos de Dios. En el cristianismo actual se les conoce como grandes hombres de fe y sus vidas han sido ejemplo e inspiración para millones de cristianos por cientos de años:

Hudson Taylor, el legendario fundador de *"La misión al interior de China"* decidió abandonar la organización misionera que lo apoyaba por considerarla irresponsable. Mejor trabajó por su cuenta. El éxito de su labor después de hacer eso fue impresionante.[3]

Adoniram Judson, un famoso pionero de las misiones del Oriente, cambió de la Iglesia Congregacionalista a otro movimiento, por considerarlo más apegado a las enseñanzas cristianas.[4]

David Brainerd, el apóstol de los indios de Norteamérica, cuya vida de oración y consagración ha sido ejemplo a muchos

---

1 Encyclopaedia Britannica, 15ta ed. Vol.8; USA 1986; p. 70.
2 *Ibíd.*, vol. 9, p. 809.
3 R. A. Tucker, *Hasta lo último de la tierra*, Miami: Editorial Vida, 1988; p. 203.
4 *Ibíd.*, p. 142.

cristianos, fue expulsado de la Universidad de Yale cuando cursaba sus estudios teológicos. La cuestión fue por diferencias doctrinales. Él se apartó de esa organización y tuvo una trayectoria fructífera.[5]

Carlos Finney, el teólogo progresista de su época, abandonó la denominación presbiteriana para escoger una agrupación que tenía un sistema de gobierno más democrático y a su parecer más bíblico. [ver la autobiografía de Charles Grandison Finney]. Su labor como teólogo, rector de una universidad y predicador conmovió a toda su nación.

Jonathan Edwards, uno de los intelectuales más renombrados en la historia cristiana fue expulsado de su propia iglesia por su énfasis en la predicación sobre la santidad. Él continuó con un ministerio exitoso.[6]

Con todo esto, vemos comprobado, que Dios ha bendecido abundantemente a muchas personas que dejaron o fueron expulsados de sus organizaciones religiosas por motivos de conciencia. Cuánto más debería ocurrir esto cuando se abandona a un liderazgo o grupo religioso para no ser cómplice de delitos, fraudes, o evitar ser explotados y dañados por él.

"AQUELLOS QUE DECIDEN DEJAR SU IGLESIA SON CULPABLES DE DIVIDIR EL CUERPO DE CRISTO"

Esta enseñanza es típica en toda clase de sectas. Desgraciadamente hoy en día existen incontables organizaciones autoritarias que por alguna razón se creen con derecho a llamarse a sí mismas "el cuerpo de Cristo", sin entender lo que eso significa. Cuando alguna persona inteligente se aparta de ellas, de inmediato recurren al truco de hacerle sentir culpable "¡Estás dividiendo el

---

[5] *Ibíd.*, p. 103.
[6] M.X. Lesser, *Jonathan Edwards,* Boston: Twayne Publishers, 1988.

cuerpo de Cristo!", vociferan sus líderes con rostros que simulan gran preocupación por la unidad del cristianismo.

Actualmente hay muchas organizaciones religiosas que actúan así y todas usan como bandera el nombre de Cristo. Desde grupos politeístas como los Mormones y los Moonies hasta organizaciones autoritarias como los Testigos de Jehová, pasando por asociaciones humanistas, todos gritan: "¡división!, ¡división!", si alguna persona o familia decide usar su libertad y apartarse de ellos.

¿Pero "división" de qué? habría que preguntarles, pues teológicamente no se les puede considerar seriamente parte del cristianismo. El salirse de una secta u organización religiosa nunca será dividir el cuerpo de Cristo.

El cuerpo de Cristo es una unidad indivisible. Cada verdadero creyente está vitalmente unido a Jesucristo por medio del Espíritu Santo independientemente del lugar en donde se congregue. El simple hecho que una persona se traslade de un lado a otro para asistir a un grupo distinto, no divide el cuerpo de Cristo.

Si algunas personas deciden responsablemente, con el derecho que tanto Dios como las leyes civiles les dan, salir de una organización determinada por considerar que se está manipulando la Biblia para explotar a la gente o porque están en contacto con líderes que les están dañando, ¿quién los puede acusar de división por eso? ¿Una persona no tiene derecho a decidir en qué lugar va a escuchar la palabra de Dios? ¿O puede una organización tener un título de propiedad sobre las almas, de manera que aun si se desvía o se convierte en una cueva de delincuentes, la gente esté forzada a permanecer allí? Lo que sucede, como dije antes, es que la acusación de que una persona causa "divisiones" por lo general se utiliza para manipular a las personas e infundirles miedo para que permanezcan dentro de grupos religiosos autoritarios.

LA GRAN MENTIRA: "NO JUZGUES"

Finalmente, veremos el pretexto más usado para sustentar liderazgos religiosos manipuladores. Son las frases clásicas: "No juzgues", "tú no eres nadie para juzgar a un ministro", "juzgar es pecado".

Para esto, agrupaciones y líderes seudo-espirituales se apoyan en Mateo 7:1-5:

> *No juzguéis, para que no seáis juzgados. Porque con el juicio con que juzgáis, seréis juzgados, y con la medida con que medís, os será medido. ¿Y por qué miras la paja que está en el ojo de tu hermano, y no echas de ver la viga que está en tu propio ojo? ¿O cómo dirás a tu hermano: Déjame sacar la paja de tu ojo, y he aquí la viga en el ojo tuyo? ¡Hipócrita! saca primero la viga de tu propio ojo, y entonces verás bien para sacar la paja del ojo de tu hermano.*

Basados en este texto, se enseña que al reprobar o denunciar cualquier conducta de un líder, digamos de un pecado o delito comprobado, lo estamos juzgando y que eso es pecado. Ellos asumen que tenemos prohibido el evaluar la conducta moral de la gente a nuestro alrededor.

Para empezar, si ellos en verdad creyeran esto nunca podrían hacer evaluaciones de la conducta de los que los cuestionan. Pero a todos nos consta que lo hacen; de hecho cuando le dicen a un ateo que está mal su forma de pensar, ya lo están juzgando, y cuando le dicen a alguien que está mal por juzgar ¡ya lo están juzgando que está mal!

LA VERDAD ES QUE LA BIBLIA NO NOS PROHÍBE JUZGAR

Si analizamos el texto de Mateo 7:1-5 nos daremos cuenta que Jesús no prohíbe el juzgar a todos, *sino sólo se lo prohíbe al hipócrita.*

Sólo a éste se le prohíbe hacer juicios de su prójimo hasta que su vida esté en orden, y entonces pueda ayudar a otros a arreglar la suya. *Saca primero la viga de tu ojo, y entonces verás bien para sacar la paja del ojo de tu hermano,* dice claramente la palabra de Dios.

Ésta es la interpretación correcta del pasaje anterior. O sea, si un borracho critica a otro por borracho, es un hipócrita. Éste es el tipo de juicio que Dios prohíbe. Sin embargo, si una persona honesta y bien motivada le dice a un defraudador que se corrija, está actuando rectamente porque lo hace para ayudarlo.

La enseñanza de "No juzgues", como se maneja en los grupos autoritarios, es sólo una manipulación de Mateo 7:1-5. Su falsedad se hace más notoria cuando vemos que contradice otros pasajes de la Biblia en los cuales se instruye expresamente evaluar la conducta de otras personas. Hay varios versículos que nos dicen que podemos y debemos juzgar, en ciertas ocasiones.

HAY VARIOS PASAJES EN EL NUEVO TESTAMENTO EN QUE SE NOS INVITA A JUZGAR A OTROS

Veamos:

> *No juzguéis según las apariencias, sino juzgad con justo juicio.*
>
> JUAN 7:24

Jesús enseñó a juzgar *con justo juicio*, o sea, según la equidad y la Palabra. Esto es un mandamiento a los cristianos, no una sugerencia.

> *El espiritual juzga todas las cosas.*
> 1ª DE CORINTIOS 2:15

Si alguien es realmente espiritual juzgará (evaluará críticamente) todas las cosas, las doctrinas, la conducta delictiva de los malos líderes y las organizaciones religiosas; para no ser engañado.

> *Ciertamente yo, como ausente en cuerpo, pero presente en espíritu, ya como presente he juzgado al que tal cosa ha hecho.*
>
> 1ª DE CORINTIOS 5:3

El apóstol Pablo dice que ya ha juzgado a un congregante que estaba viviendo en adulterio con la mujer de su propio padre.

> *Para avergonzaros lo digo. ¿Pues qué, no hay entre vosotros sabio, ni aun uno, que pueda juzgar entre sus hermanos?*
>
> 1ª DE CORINTIOS 6:5

Aquí, el mismo Apóstol Pablo reprende a los cristianos de Corinto por no haber juzgado sobre un caso de fraude en la congregación. Ellos tenían la obligación moral de determinar quien estaba bien o quien era el culpable y disciplinarlo.

He aquí cuatro pasajes que dicen que es bueno juzgar de acuerdo a la Biblia, y ya hemos visto que Mateo 7:1-5 sólo les prohíbe juzgar a los hipócritas. Queda demostrado entonces que los movimientos y líderes autoritarios usan la falsa doctrina de "no juzgues al pastor" para evitar el ser cuestionados y enfrentados con sus errores.

18

LOS LÍDERES MANIPULADORES
DAÑAN A LA GENTE:
¿QUÉ DEBEMOS HACER?

Las consecuencias que le puede traer a una persona o familia el estar bajo la influencia de aquellos pastores que utilizan el autoritarismo para manipular son siempre graves.

En casos como el que estudiamos de Samuel Rivas, las consecuencias pueden solamente ser víctima de la explotación económica. Esto significa la pérdida de bienes materiales y por lo común se acompaña de un sentimiento interno de haber sido utilizado. Para María Luisa sin embargo, el haber sido defraudada por su sacerdote resultó emocionalmente devastador y la llevó a una depresión. El daño patrimonial no debe tomarse como algo sin importancia, pues puede resultar muy doloroso para las víctimas. Además, acciones como éstas han provocado que actualmente haya mucha gente que ha perdido totalmente la confianza en el cristianismo y en cualquier tipo de líderes, aun en aquellos que son bienintencionados y honestos. Esto suele ser lo que pasa con aquellos que se dan cuenta que se usó el nombre de Dios tan sólo para quitarles su dinero. Hay ocasiones, sin embargo, en que la explotación económica puede ser tan fuerte que cause aun más daños a sus víctimas. Allí está el conocido caso de la secta de Siloé, en Estados Unidos, en la cual el pastor Frank Sanford extraía tales cantidades de dinero a sus fieles que después no tenían ni siquiera para alimentar a sus hijos. Esta situación llegó a ser tan grave, que inclusive propició una investigación por parte del gobierno en la cual se comprobó que algunos niños tenían desnutrición avanzada[1]. A raíz de esto hubo un gran escándalo en Estados Unidos que llegó hasta a los periódicos y a los tribunales. Frank Sanford finalmente fue enviado a la cárcel por los abusos a que sometía a sus congregantes[2].

Así es que no pensemos que sólo porque se enfoca a lo material, la explotación económica no es "tan grave".

La explotación económica es el abuso más común de los líderes autoritarios en América Latina y en las comunidades hispanas de los Estados Unidos y Puerto Rico. Así lo corroboran los estudios más serios sobre este tema. Así lo ha constatado un servidor y otros investigadores estudiando cientos de casos por más de una década. El Nuevo Testamento mismo nos previene acerca de la existencia de seudo-ministros que utilizarán de pretexto el cristianismo para hacer comercio religioso.

> *Pero hubo también falsos profetas entre el pueblo, como habrá entre vosotros falsos maestros, que introducirán encubiertamente herejías destructoras, y aun negarán al Señor que los rescató, atrayendo sobre sí mismos destrucción repentina... y por avaricia harán mercadería de vosotros con palabras fingidas. Sobre los tales ya de largo tiempo la condenación no se tarda, y su perdición no se duerme.*   2 PEDRO 2:1 Y 3

> *¡Ay de ellos! porque han seguido el camino de Caín, y se lanzaron por lucro en el error de Balaam...*   JUDAS 11

> *... Hombres corruptos de entendimiento y privados de la verdad, que toman la piedad como fuente de ganancia; apártate de los tales.*   1ª TIMOTEO 6:5

Otra consecuencia de estar en contacto con líderes religiosos autoritarios suele ser el daño moral. Con esto me refiero a que

---
[1] En R. M. Enroth, *Churches that abuse*, Zondervan, Grand Rapids, MI: 1992; pp. 53-73.
[2] Ídem.

los pastores que abusan de sus posiciones religiosas, muchas veces llegan a corromper moralmente a sus congregantes. Esto en verdad es una tragedia, pues no hay cosa más lamentable que el hecho de que una persona pueda llegar con su familia a una organización religiosa, buscando quizás enderezar su vida, desarrollar una vida espiritual o fortalecer sus valores, y que sea precisamente allí en donde le corrompan. Y esto por aquellos que se supone que deberían ser un ejemplo a seguir.

Anteriormente vimos que es más común de lo que la gente se imagina, que ministros intenten seducir a algunas de sus congregantes. Recordemos que Joanna fue víctima precisamente de algo así.

La inmoralidad de este tipo de líderes suele incluir también el adulterio a través de explotar vulnerabilidades [seducción a señoras casadas o damas solteras]. En todos estos casos es común que las afectadas no digan nada por temor a pecar contra el supuesto "ungido del Señor", o porque "hay que obedecer en todo al pastor" y él les ha pedido que guarden silencio. A veces con amenazas religiosas. En los primeros capítulos mencionamos los trágicos casos de Teresa B. y Erika Rodríguez, ésta última miembro de los Testigos de Jehová. Ambas eran niñas menores de siete años de edad y fueron abusadas sexualmente por sus líderes durante años. Nunca dijeron nada por miedo. Por supuesto, estos casos, así como los abusos sexuales a menores del padre Manzo, son al mismo tiempo crímenes que suelen dejar consecuencias devastadoras de por vida para las víctimas. Muchos estudios actualmente catalogan cualquier abuso sexual por parte de un ministro, incluido el adulterio como "incesto espiritual". Además de las consecuencias clásicas de cualquier abuso sexual, el "incesto espiritual" multiplica el daño psíquico llegando a producir cuadros de Estrés Post Traumático complicados, que requieren tratamiento médico y a menudo la ayuda de profesionales de otras disciplinas para lograr una recuperación completa.

Otras formas de daño moral que la gente suele sufrir es la incitación a mentir, a robar, al materialismo o a ser cómplice de fraudes y quedarse callada. Esto equivale a ser corrompido y es una cuestión delicada pues paradójicamente están adquiriendo anti-valores y aun involucrándose en delitos. Es un acto de suprema traición a la confianza y al respeto que la gente le tiene a sus dirigentes. Pensemos solamente por un momento que fueran nuestros hijos o seres queridos los que llegaran a ser presas de este tipo de individuos y organizaciones y entenderemos mejor el riesgo que la gente corre bajo la influencia de ministros corruptos y autoritarios.

Finalmente, debemos considerar que existe el riesgo de perder la libertad y la dignidad humana, así como el riesgo de sufrir difamaciones, injurias, hostigamientos, y otros tipos de agresiones. En casos extremos, el estar sujetos a un líder autoritario puede llevar a la persona a ser agredida físicamente o aun a perder su vida. Éste fue el caso de los seguidores de David Koresh y de la tristemente célebre secta de Jim Jones, en Guyana.[3]

Desde el punto de vista espiritual, lo más trágico es que los liderazgos autoritarios a menudo llevan a las personas a perder la fe en Dios, que es la base del Evangelio. Teológicamente, la salvación es por gracia, *por medio de la fe*. Las pérdidas, pues, en que se puede incurrir cuando se cae en manos de lobos con piel de oveja abarcan la dimensión física y espiritual, el ámbito temporal y el eterno. La fe, don precioso, puede y suele ser destruida como consecuencia de una mala experiencia religiosa. A menudo sucede también que los pastores que abusan inculcan doctrinas que se apartan de las enseñanzas esenciales del cristianismo. Esa es otra forma de destruir la fe. En muchos casos los feligreses también llegan a poner a sus dirigentes antes que a Cristo, teniéndolos como su dios. Esto es una forma de idolatría y teológicamente es incompatible con la salvación.

---

[3] Jorge Erdely, *Suicidios Colectivos: Rituales del Nuevo Milenio*. Segunda Edición, México D.F.: Publicaciones para el Estudio Científico de las Religiones, 2002.

CONCLUSIONES
¿QUÉ DEBEMOS HACER?

Una vez que hemos visto detalladamente el daño psicológico, moral y espiritual que las organizaciones y pastores autoritarios nos pueden causar a nosotros y a nuestras familias seguramente debe existir esta pregunta en nuestras mentes: ¿Qué debemos hacer?

Desde el punto de vista de las enseñanzas de Cristo, de la razón humana y de las leyes civiles, sólo se puede y se debe hacer una cosa: hay que salir inmediatamente de su influencia. Hay que apartarse de ellos y mantenerse así o sufriremos las consecuencias.

Una vez que hayamos identificado plenamente que una organización tiene las características y doctrinas del autoritarismo que hemos estudiado, debemos entenderlo: se trata, sociológicamente, de una secta, y tarde o temprano nos dañará.

No importa que tan famoso o amable sea un líder, cómo se llame su grupo o dónde esté ubicado. Tampoco importa cuántos seguidores tenga. Si el liderazgo se identifica con la descripción que usted ha visto en las páginas de este libro, se trata de un tirano que tiene como objetivo manipular a la gente y controlarla para sacarle algún provecho. No se trata de un legítimo ministro. Su organización no es una congregación cristiana ni mucho menos. Es solo un parapeto para legitimarse y explotar a gente vulnerable por su necesidad espiritual.

Jesús mismo es quien en este caso nos da luz verde para que sin ningún temor les demos la espalda:

> *Dejadlos*; son ciegos guías de ciegos; y si el ciego guiare al ciego, ambos caerán en el hoyo.
> MATEO 15:14 (ÉNFASIS AÑADIDO)

El Espíritu confirma lo anterior en las siguientes instrucciones:

> *Hombres corruptos de entendimiento y privados de la verdad, que toman la piedad como fuente de ganancia; <u>apártate de los tales</u>.*
>
> 1 Timoteo 6:5 (énfasis añadido)

> *También debes saber esto: Que en los postreros días vendrán tiempos peligrosos. Porque habrá hombres amadores de sí mismos, avaros, vanagloriosos, soberbios... que tendrán apariencia de piedad, pero negarán la eficacia de ella; <u>a éstos evita</u>.*
>
> 2ª Timoteo 3:1-6 (énfasis añadido)

> *Por lo cual, <u>salid</u> de en medio de ellos, y <u>apartaos</u>, dice el Señor...*
>
> 2ª Corintios 6:17 (énfasis añadido)

Estas indicaciones a través de las Escrituras concuerdan muy bien con lo que la mente de todo ser humano inteligente afirma con respecto a este asunto; la razón nos grita que no podemos estar bajo un liderazgo que nos está destruyendo. Mucho menos nos podemos permitir permanecer en una organización que puede dañar a nuestras familias y seres queridos.

Nuestra conciencia como personas libres, que es como fuimos creados, nos grita que es indigno de nuestra condición humana el someternos servilmente a otra persona hasta convertirnos en robots programados para servir a los fines egoístas de hombres sin escrúpulos que usan el nombre de Dios para manipular.

Un problema grave siempre exige una solución radical; ¿qué debemos hacer? Para responder a esta pregunta solo recordemos el ejemplo de Jesús de Nazaret. los cristianos tenemos el deber de apartarnos de los líderes y grupos religiosos autoritarios. Es necesario dejar de cooperar con sus dictaduras y levantar la voz para denunciar valiente e incesantemente estos abusos que están destruyendo las vidas y almas de miles de personas, ensuciando la reputación del cristianismo y aniquilando la fe de miles de personas.

Vino a mí palabra del Señor diciendo: Hijo de Hombre, profetiza contra los pastores: Así ha dicho El Señor: ¡Ay de los pastores que se apacientan a sí mismos!

¿No apacientan los pastores a los rebaños? Coméis la grosura y os vestís de la lana; la engordada degolláis, mas no apacentáis a las ovejas. No fortalecisteis las débiles, ni curasteis la enferma; no vendasteis la perniquebrada, ni volvisteis al redil la descarriada, ni buscasteis la perdida, sino que os habéis enseñoreado de ellas con dureza y con violencia. Por tanto, pastores, oíd palabra del Eterno Dios:

Vivo yo, que por cuanto mi rebaño fue para ser robado, y mis ovejas fueron para ser presa de todas las fieras del campo, sin pastor; ni mis pastores buscaron mis ovejas, sino que los pastores se apacentaron a sí mismos, y no apacentaron mis ovejas; por tanto, oh pastores, oíd palabra del Señor.

Así ha dicho El Señor: He aquí, yo estoy contra los pastores; y demandaré mis ovejas de su mano, y les haré dejar de apacentar las ovejas; ni los pastores se apacentarán más a sí mismos, pues yo libraré mis ovejas de sus bocas, y no les serán más por comida.

Porque así ha dicho El Señor: He aquí yo, yo mismo iré a buscar mis ovejas, y las reconoceré. Como reconoce su rebaño el pastor el día que está en medio de sus ovejas esparcidas, así reconoceré mis ovejas, y las libraré de todos los lugares en que fueron esparcidas el día del nublado y de la oscuridad.[4]

---

4   Porciones de Ezequiel, capítulo 34. Traducción libre, adaptada de la versión hispana Reina – Valera 1960.

Prefacio del autor a la segunda edición

Muchas cosas han cambiado en el campo socio-religioso latino desde que terminé de escribir la primera edición de *Pastores que abusan*, en junio de 1994. Entre otras, el grado de conciencia pública, así como de autoridades eclesiásticas y gubernamentales, sobre la magnitud y frecuencia de los abusos por parte de ministros. Este tema, que para muchos era tabú y para otros trivial o inexistente, de repente ha dejado de serlo. Hoy se comenta en los cafés y sobremesas lo mismo en Buenos Aires que en Miami, de Panamá a Monterrey, y de Puerto Rico a Nueva York. Actualmente el tema de los abusos religiosos en sectas y religiones mayoritarias es motivo de decisiones editoriales en importantes periódicos, revistas y cadenas noticiosas internacionales. Es también tema de debates parlamentarios en países europeos y aun causa de que se hayan aprobado, como ha sido el caso de Francia, nuevas y polémicas legislaciones al respecto. Sólo hace falta prender el radio, sintonizar las frecuencias u hojear el periódico del día. Al momento de escribir estas líneas es casi inevitable escuchar alguna noticia sobre otro caso más de un ministro que ha incurrido en algún ilícito sexual o financiero, frecuentemente con algún grado de complicidad de su institución. Los *pastores que abusan*, llámense ministros, sacerdotes, líderes o de cualquier otra manera son, pues, noticia cotidiana y por lo tanto una realidad más difícil de ignorar que hace siete años.

Aunado a esto ha cambiado también la *disposición a denunciar* por parte de quienes han sido víctimas de atropellos, muchas veces inconcebibles. Cada vez más personas, miembros de conocidas denominaciones o sectas oscuras, se atreven con mayor confianza a decir lo que por miedo o confusión callaron por años. Por lo general, se trata de ovejas, de feligreses, pero no es infrecuente que haya incluso líderes de organizaciones autoritarias que se unen ya a las voces de los primeros, reconociendo que se necesita una profunda reforma en sus Iglesias.

¿Qué factores han contribuido a crear este nuevo momento? La mayor difusión que han empezado a tener estos temas a través de los medios de comunicación nacionales e internacionales ha ayudado definitivamente a crear un clima que favorece a que denuncien quienes jamás se hubieran atrevido a hablar públicamente. Sin lugar a dudas, un cúmulo de literatura que sería impráctico describir en detalle, ha contribuido paralelamente a educar a miles de feligreses sobre sus derechos como congregantes y a discutir los límites de la autoridad religiosa, ayudando a desmitificar a organizaciones que se presentan como infalibles e incuestionables representantes de Dios. Otro factor clave ha sido la creciente gravedad y frecuencia de los abusos religiosos mismos. La increíble impunidad con que delinquen muchos líderes tarde o temprano resulta contraproducente. Existe una suerte de *punto de equilibrio* que se rompe. Entonces, muchas ovejas dicen "basta" y deciden actuar denunciando o acudiendo a los tribunales. Si sus historias son verificables, a menudo encuentran un micrófono abierto y un reportero empático dispuesto a dar a conocer la denuncia. En países como Estados Unidos, cuando el caso lo amerita, suelen hallar también algún bufete jurídico que puede ganar una buena compensación económica o llevar a algún ministro delincuente a la cárcel.

Existe una tendencia cada vez más notoria. Cuando los tribunales eclesiásticos se niegan a actuar en casos de abusos, están a la mano los tribunales civiles y la corte de la opinión pública. Cada vez más feligreses saben esto y por ello hoy más que nunca, el círculo vicioso del silencio y encubrimiento se está rompiendo. Éste es un síntoma saludable. Las ovejas *están hablando* lo mismo al interior de su organización religiosa que al exterior. Cuentan sus experiencias personales a otros feligreses, acuden ante instancias eclesiásticas superiores buscando justicia y apoyo, pidiendo que se ponga un freno al autoritarismo religioso. En casos graves, algunos acuden a los juzgados, a los medios de comunicación, a asociaciones de derechos humanos, a lo que pueden. Cuando encuentran a otros que han pasado por una situación similar, a veces forman grupos de apoyo mutuo. Su activismo es, a menudo, admirable.

Así pues, lo que antes eran voces aisladas aquí y allá, a menudo ahogadas por estridentes negativas de escépticos, intelectuales orgánicos y altos jerarcas, ha ido creciendo por todo el mundo hasta convertirse en un clamor multitudinario que rebasa fronteras denominacionales y que roba espacios en los noticieros a los conflictos de Medio Oriente.

En Washington, Erika, una joven latina de 21 años inicia una demanda contra la organización Watchtower de Nueva York, la central mundial de los Testigos de Jehová. Durante su niñez y adolescencia temprana fue abusada sexualmente, de manera repetida, por el líder de un importante *Salón del Reino*. Erika responsabiliza a la organización por sus políticas de encubrimiento. En África, decenas de monjas revelan que por décadas ha sido costumbre utilizarlas como harem particular por parte de sacerdotes y hasta obispos que temen ser contagiados de SIDA si acuden a mujeres fuera de los conventos a saciar sus instintos. Muchas fueron presionadas a tener relaciones sexuales y quedaron embarazadas. Se hizo una investigación que confirmó la situación y el escándalo llegó hasta el Vaticano el año pasado. Cuando se supo, el caso provocó indignación en muchas partes del mundo.

En un país latino, una jovencita cuyo padre había muerto, es seducida por un carismático pastor puertorriqueño de un grupo neopentescostal, aprovechando la amistad que éste llevaba con su papá. Él, de unos cincuenta años, ella de tan sólo veinte. La madre encuentra el diario de la joven con detalles explícitos de la relación, mientras el pastor, abandonando esposa e hijos, se fuga al igual que la muchacha. La viuda no se queda callada y se lleva el caso ante las autoridades civiles, pues los líderes de su congregación le piden que "no juzgue al ungido" ni diga nada al respecto. El pastor manda amenazar a la mamá, pero la iglesia se pone del lado del pastor.

En Panamá, un sacerdote católico embaraza a una adolescente de 16 años. Al enterarse la echa a la calle y le da 20 dólares para abortar —los medios de comunicación locales cuentan su historia a los cuatro vientos—. En Boston, el padre John Geoghan es denunciado por violar y abusar sexualmente de más de cien niños durante tres décadas, mientras sus superiores, cuando recibían denuncias, lo cambiaban de parroquia en parroquia. El cardenal Law, su autoridad inmediata, sabía de sus antecedentes y nunca intervino para evitar que dañara a más personas. Ese caso desató el escándalo y crisis de credibilidad más grave que ha enfrentado la Iglesia Católica en los últimos 500 años. Las investigaciones han dejado al descubierto cientos de casos de sacerdotes paidófilos en Estados Unidos, que han sido encubiertos por sus jerarcas. El escándalo reverbera por todo el mundo y casos similares se descubren desde Brasil hasta Irlanda.[1]

En Monterrey, México, un obispo mormón seduce a una menor adolescente de su iglesia y la utiliza además para robar dinero y joyas a los padres de ella. Su madre, devota mormona, pide un juicio eclesiástico interno, el obispo la amenaza pero eventualmente se ve forzado a renunciar a su posición. En otro escenario, un hispano cuenta en televisión, en cadena nacional, para el noticiero internacional CNN cómo fue sodomizado por el cura de su parroquia cuando era niño. Se pueden seguir

---

[1] Para más información sobre la controversia de sacerdotes, catolicismo, y paidofilia, véase www.religionesysociedad.com

mencionando casos *ad infinitum*, mas lo anterior basta para tener, a *grosso modo*, una panorámica de lo que ha estado sucediendo en los últimos años.

Un fenómeno interesante, decíamos, es que por todo el mundo están surgiendo asociaciones de ex miembros de grupos religiosos totalitarios y nocivos que proporcionan apoyo mutuo e información al público. Asimismo, se han fortalecido las organizaciones no gubernamentales de defensa de los derechos humanos en el ámbito religioso, organizaciones que lo mismo atienden casos de intolerancia contra minorías que de abusos y delitos por grupos y líderes con conducta criminal de cualquier creencia. En los últimos ocho años se han creado en América Latina centros de estudios especializados en proporcionar información para crear conciencia sobre el fenómeno de líderes y organizaciones sectarias. Organizaciones de este tipo ya existían antes en países como Dinamarca, Francia y Gran Bretaña, pero hoy se han consolidado en Brasil, Argentina, España, Honduras, Puerto Rico, Ucrania, Rusia y México, entre otros. Sólo hace falta navegar por internet un rato para encontrarse con un mundo de información. Algunas de estas organizaciones tienen afiliaciones confesionales y enfoque apologético, otras son proyectos evidentemente seculares, otras más se dedican a la investigación académica del fenómeno religioso. A pesar de las diferencias de enfoque, un punto de convergencia de muchas de ellas es la necesidad de *educación* para la prevención de abusos diversos por líderes y organizaciones religiosas. El fenómeno simultáneo de la expansión de nuevos movimientos espirituales y sectas destructivas, aunado a antiguas prácticas autoritarias en muchas denominaciones históricas, ha contribuido a la creación de estas redes informativas. Asimismo, ha generado una explosión sin precedente de literatura, popular y especializada, sobre temas relacionados. Sin duda, el activismo social, la producción literaria y el interés de los medios de comunicación sobre estos temas han sido factores decisivos para que se desmitifique el tabú y se reconozca la existencia cotidiana de los ilícitos que se cometen al amparo de las creencias religiosas, y se discutan públicamente con más libertad. Definitivamente, todo lo anterior ha contribuido de manera significativa a que las víctimas estén más conscientes de sus derechos y de la necesidad de denunciar para que se realicen reformas de fondo en sus Iglesias, para que otros no pasen por las mismas experiencias, para que se haga justicia. A denunciar, también, para afirmar que existen, que son seres humanos, seres heridos porque se explotó su confianza y el respeto por lo que ellos tenían por sagrado.

En el ámbito del sectarismo en Latinoamérica, destacó en 1997 el valiente reportaje "Las sectas: una reflexión obligada", del reconocido periodista Ricardo Rocha. Transmitido el 4 de mayo por televisión pública y cable a todo el continente, fue reconocido como uno de los mejores programas del año. Su enfoque fue la explotación económica, la manipulación de la fe y el fanatismo sectario, en el contexto del suicidio colectivo del grupo Heaven's Gate. En el ámbito de las iglesias históricas, en Canadá y Estados Unidos respectivamente, se han realizado importantes reportajes de fondo sobre abusos a niños indígenas, en escuelas y orfanatos administrados en el pasado por importantes denominaciones protestantes, anglicanas y órdenes católicas. Evidencias de crueldad extrema, así como de agresiones sexuales han sido halladas procedentes por los tribunales, desencadenando demandas millonarias por daños y perjuicios. Hay órdenes católicas que están al borde de la quiebra, e iglesias que empiezan a vender propiedades para pagar lo que los jueces han ordenado como indemnización. Ha habido también, aunque pocas, algunas disculpas públicas.

Istoé, la conocida revista brasileña ha realizado sendos reportajes sobre Edir Macedo y la llamada Iglesia Universal de Reino de Dios, secta de proyecto mundial y con gran penetración en los países latinoamericanos y las comunidades hispanas estadounidenses de California y Florida. Los métodos fraudulentos de Macedo y su hueste de pastores promotores de amuletos para extraer dinero a sus seguidores, han sido objeto de intenso escrutinio internacional en diarios como *The Miami Herald*. En México y otros países, la secta cambia constantemente de nombre: ahora se denomina "Pare de sufrir", hace unos años era "La oración fuerte al Espíritu Santo". El reconocido periódico *El Universal*, en una serie de reportajes de Marco Lara Klahr dio a conocer a la opinión pública mexicana la existencia del *Movimiento de la Fe y Prosperidad* o "evangelio de la fe y riquezas" y el "Avivamiento de la risa" con sus extravagancias y estrategias de marketing para las masas. Ganador del Premio Nacional de Periodismo en el año 2000, Lara Klahr dedicó la primera sección de su libro sobre crónicas de impunidad, publicado por el sello editorial *Plaza y Janés*, a esta y otras expresiones de mercadería religiosa extrema. La tituló, sugestivamente, y nadie puede decir que de manera imprecisa, "El negocio de la fe".[2] El prefacio está escrito por Carlos Monsiváis, uno de los intelectuales hispanos más influyentes del mundo. El impacto social de los movimientos marginales extremistas ha sido tal, que el doctor Elio Masferrer, coordinador del Diplomado sobre Pluralismo Religioso del *Instituto Nacional de Antropología e Historia*, ha incorporado al programa de estudios un módulo sobre Sectas Destructivas.

Y en cuanto a otros libros se refiere, tanto en el género de ensayo como de obras especializadas y de divulgación científica, los temas del abuso de poder y explotación de los feligreses por parte de ministros, han tenido una producción prolífica. Destaca, examinando la problemática en las iglesias evangélicas y protestantes, el libro del eticista Stanley Grenz *Betrayal of Trust:*

---

2 En Marco Lara Klahr. *Días de Furia: Memorial de violencia, crimen e impunidad*, México D.F.: Plaza y Janés, 2001.

Sexual Misconduct in the Pastorate (InterVarsity Press, 1995). Evangélico él mismo, el doctor Grenz considera que la esencia del abuso sexual por parte de líderes religiosos tiene como esencia la traición a una confianza sacra que en ellos depositan los feligreses.

Desde Nueva York, por su parte, el eminente psiquiatra y sociólogo Robert Jay Lifton, probablemente el especialista más importante sobre manipulación y grupos totalitarios, publicó en 1999 su estudio sobre la secta japonesa "Verdad Suprema", un libro académico rigurosamente investigado sobre sectarismos radicales que pueden desembocar en atentados terroristas masivos, y sus peligros para un mundo globalizado. De acuerdo con sus conclusiones, lo que llama *guruísmo*, el endiosamiento explícito o implícito de un líder religioso, es una constante, al lado del autoritarismo, en los movimientos sectarios más extremistas y violentos. El libro del profesor Lifton se llama *Destroying the World to Save it: Aum Shinrikyo, Apocaliptic Violence, and the New Global Terrorism.* (New York: Metropolitan Books, 1999.)

Gary Collins, por otra parte, editó en 1995 su manual para consejeros profesionales y ministros, titulado "Sexual Misconduct in Counseling and Ministry"[3]. El mismo contiene importantes aportaciones de Mosgofian y Ohlschlager, ambos profesionales de la salud protestantes, y del sacerdote católico Canice Connors, doctor en Psicología y ex director de un conocido centro de rehabilitación para sacerdotes paidófilos en Estados Unidos: el Saint Luke Institute, en Maryland. El libro es un valioso compendio de información. En él se describe la problemática que su título refiere en el ámbito protestante y católico. Asimismo, explora la dimensión individual como institucional del problema, su impacto en las víctimas y aspectos éticos, legales, psicoterapéuticos y teológicos para una audiencia especializada.

---

[3] U.S.A. Contemporary Christian Counseling, 1995.

En Latinoamérica, el doctor Masferrer, profesor e investigador de la Escuela Nacional de Antropología e Historia, quien ha estudiado etnicidad y religiones en Argentina, Perú y México, dedicó un capítulo entero de su amplia disertación doctoral, dirigida por la catedrática parisina Marión Aubrée, al tema del sexo, poder y autoritarismo religioso. Masferrer encuentra problemas al respecto tanto en las iglesias institucionales como en sectas marginales. Jason Berry por su parte, publicó recientemente su segunda edición revisada del clásico *Lead us not into temptation*[4], un amplio texto en inglés accesible para el público en general. Impreso por la Universidad de Illinois, se trata de un libro periodístico de investigación que inevitablemente viene a la mente ahora que la Iglesia Católica en Estados Unidos pasa por la peor crisis de credibilidad en su historia contemporánea, debido al encubrimiento de curas pederastas. Crisis que le ha costado más de mil millones de dólares en pago de indemnizaciones y arreglos por debajo de la mesa con personas que fueron agredidas sexualmente cuando eran menores de edad. Jason Berry ganó el *Catholic Press Association Award*, por su trabajo sobre las violaciones del infame padre Gilbert Gauthe y otros, en Louisiana. *Lead us not into temptation* fue probablemente el primer libro contemporáneo que sacó a la luz pública en forma documentada, no sólo la existencia de estas conductas, sino las dinámicas de encubrimiento institucional a ministros católicos que delinquen, y la insensibilidad eclesiástica hacia los afectados.

Pastores que Abusan, ahora en su segunda edición expandida y revisada, es parte de esta producción literaria que examina una realidad insoslayable en la cual confluyen necesariamente cuestiones de derechos humanos, ética, teología y sociología de la religión. El enfoque de esta nueva edición se amplía para abarcar al ámbito latinoamericano, incluyendo a las comunidades hispanas de los Estados Unidos. Los distintivos de la primera edición se

---

[4] Chicago: University of Illinois Press, 2000.

han conservado, esto es, escribo para el público en general, en lenguaje sencillo y evitando tecnicismos en lo posible. Hago uso extenso de narrativas cortas, separándolas casi siempre de las secciones de análisis. Más que una colección exhaustiva de casos de estudio, se seleccionaron para los capítulos que se han añadido, casos prototipo relevantes e ilustrativos para los lectores.

En la misma tónica de la primera edición, he procurado ser descriptivo sin entrar en más detalles que los indispensables para reconstruir los escenarios en que sucedieron los hechos. En su mayoría, los nombres de las personas y lugares han sido cambiados para proteger la identidad de las víctimas.[5] Se ha tenido cuidado de hacer las contextualizaciones culturales pertinentes para hacer el texto más relevante al público latino en general. Además del material revisado y ampliado de la primera edición, se han incluido dos estudios de caso con sus respectivos análisis, sobre sacerdotes católicos y abuso de poder. El principal enfoque del libro, sin embargo, sigue siendo el autoritarismo y la manipulación en grupos que se denominan cristianos, independientemente de que se trate de iglesias establecidas o agrupaciones marginales. Movimientos fanáticos extremistas y las llamadas sectas para-cristianas (v.g. Mormones, Testigos de Jehová, etcétera) se mencionan tangencialmente cuando es relevante.[6] El lector interesado puede consultar otras obras, tanto del que escribe estas líneas como de otros autores, si desea estudios detallados que traten a profundidad dichos temas.[7]

Finalmente, considero necesario hacer algunas aclaraciones sobre el uso de ciertos términos utilizados en la primera edición

---

[5] Esto incluye casos de la primera edición.
[6] Para información académica sobre grupos sectarios y movimientos extremistas, se puede consultar en Internet www.sectas.com
[7] Sobre grupos extremistas islámicos véase mi libro *Terrorismo religioso* (Miami, Fl: Unilit, 2002). Sobre el tema de las sectas apocalípticas y liderazgos mesiánicos véase Jorge Erdely, *Suicidios colectivos: Rituales del nuevo milenio* (México D.F.: Publicaciones para el Estudio Científico de las Religiones, 2000), o la segunda edición, de próxima publicación.

de este libro que son susceptibles de ser mal interpretados.[8] En una reseña del sociólogo Roberto Blancarte publicada en el periódico *La Jornada* [9], éste hace una referencia crítica al término *desprogramación* que utilicé en la primera edición de *Pastores que abusan*. A pesar de las similitudes del lexema, la crítica de Blancarte se basa, comprensiblemente, en que confunde el término con un concepto totalmente distinto, perteneciente a otra época y sociedad (la anglosajona). Por *desprogramación* se debe entender en este libro, nada más que la reactivación, a través del diálogo voluntario y el análisis de información, de procesos de razonamiento que han sido inhibidos selectivamente por el efecto de doctrinas y estrategias hechas *ad hoc* para manipular. Esas doctrinas, en el ámbito que nos ocupa, son la herramienta por excelencia, aunada a procesos específicos de presión social coercitiva, que utilizan líderes religiosos autoritarios para manipular, controlar y explotar a sus seguidores. La inhibición del juicio crítico como proceso psicofisiológico está ampliamente documentado en la literatura médica especializada y los procesos coercitivos de reforma de pensamiento son un criterio central para clasificar, según el doctor Robert Lifton, a un grupo en la categoría de la secta con connotación de destructiva. Por

---

8 La primera publicación de *Pastores que Abusan* fue objeto de más de 50 notas periodísticas nacionales e internacionales, sin incluir la cobertura de agencias noticiosas mundiales como EFE, de España, y, como ya se ha mencionado, varios programas radiales y de televisión. Esto incluyó obviamente varias reseñas en diversos medios y un sinfín de citas en revistas y publicaciones. Motivos de espacio me impiden dar respuesta o hacer precisiones a cada comentario crítico relevante. Una columna bastante visceral del padre Ceballos del *Diario de Yucatán*, quien recurrió a la "falacia del muñeco de paja" en su esfuerzo por desacreditar este libro, fue puntualmente respondida al día siguiente en una entrevista que me hizo un reportero del mismo periódico. Lamentablemente nunca fue publicada a pesar de que el reportero me insistió mucho en la entrevista. Una crítica de tono mesurado, aunque un tanto imprecisa, de la organización apologética católica del padre Daniel Gagnón sobre mi postura sobre la autoridad del Nuevo Testamento como normativa para los cristianos, nunca aportó argumentos. *Petitio Principi*: La carga de prueba recae sobre quien escribió el artículo para que yo deba responder.
9 *La Jornada*, 30 de enero de 1995, página 5, sección País.

ello, difiero también en este punto con Blancarte, quien en la citada reseña no considera necesariamente el autoritarismo como un elemento definitorio de las mismas[10]. En cuanto a la frase "lavado de cerebro" aunque no es un término que se suele utilizar en el ámbito académico, y yo mismo no lo utilizo cuando escribo artículos especializados, es práctica para transmitir la idea de manipulación mental. Para efectos de este libro es sinónimo de "programación" según los parámetros arriba mencionados. Pienso que acotados de esta manera, ambos términos se prestan a menos ambigüedades y pueden ser utilizadas responsablemente en literatura popular en el mundo latino. No podría decir lo mismo del ámbito anglosajón y europeo. Dicho de otra forma, al decir *programación* o *lavado de cerebro* no queremos decir literalmente autómatas, personas inimputables legal y moralmente por sus acciones; mas sí, de acuerdo a Lifton y a Hochman, personas con capacidades *disminuidas*, a veces en forma dramática, para razonar y tomar decisiones y, por ello, particularmente vulnerables a ser explotados o a ser inducidos a involucrarse en ilícitos y complicidades. Los estudios médicos del doctor John Hochman, profesor de la Universidad de California, Los Angeles, explican cómo las personas que llegan a caer en dicho estado de vulnerabilidad, por lo general son inducidas a través de un proceso sutil y engañoso, en el cual el ocultamiento de información clave y el autoritarismo, son parte crucial.[11]

Si dejamos de lado como referente universal la añeja polémica anglosajona y europea de hace 30 años a la que alude implícitamente el doctor Blancarte en el último tercio de su reseña, y partimos de los estudios de campo existentes en el contexto latino, evitaremos caer en errores básicos de sociolingüística. La realidad

---

[10] Para una discusión más amplia sobre el tema de la definición de secta, véase mi próximo libro sobre el particular: *Sectas Destructivas: un análisis científico*. (Publicaciones para el Estudio Científico de las Religiones).

[11] En *Psychiatric Annals*. 20:(4). April 1990; pp. 179-187.

es que no hay casos documentados de mi conocimiento en América Latina sobre "desprogramadores profesionales" *american style*. Fuera de esta confusión terminológica creo que quizás Blancarte y yo estemos, finalmente hablando de lo mismo. Así me lo hace pensar un párrafo de la antes mencionada reseña.

"Por lo que se desprende de su lectura, el libro tiene un objetivo muy loable, que es el de prevenir a muchos creyentes de los peligros de un tipo de líder religioso y congregaciones que aniquilan la libertad de conciencia y la capacidad de decisión sobre cuestiones de moral individual y pública".

Si la palabra aniquilar es usada como hipérbole por Blancarte para referirse a un estado de inhibición del razonamiento y/o vulnerabilidad psicoemocional, inducida con métodos específicos de manipulación, creo que estamos hablando de lo mismo.

Con respecto al uso del término *secta*, el cual contiene, según algunas opiniones, una carga peyorativa, Blancarte y otros intelectuales han expresado desacuerdo conmigo. Respeto su derecho a disentir y creo entender su preocupación política por no hacer generalizaciones que favorecen climas de intolerancia religiosa en países con religiones mayoritarias. Sin embargo no soy partidario de promover la censura como medio para defender dichos principios. Creo, junto con otros muchos investigadores del fenómeno religioso, que existe un uso responsable y legítimo del vocablo secta, especialmente si se le acompaña del adjetivo *destructiva* para referirse a organizaciones religiosas comprobablemente nocivas desde el punto de vista socio-psicológico. De nuevo me remito a los criterios del doctor Hochman y de Robert Jay Lifton en su ya citado libro de 1999. Ambos especialistas consideran el autoritarismo como característica central de los grupos religiosos destructivos. Lifton en particular clasifica como *cult* (el equivalente hispano a secta fanática o peligrosa) a cualquier agrupación religiosa a) totalitaria, b) cuyo líder esté en un estado práctico de "endiosamiento", c) en que exista explotación. El contenido y ortodoxia doctrinal quedan al margen como criterios valorativos según estos parámetros. Una exposición más detallada de mi postura y la de especialistas de diferentes disciplinas sobre el uso del término secta y los distintos criterios de clasificación, puede encontrarse en mi libro *Sectas Destructivas: un análisis científico*.

Un señalamiento puntual del doctor Blancarte en la multimencionada reseña de mi libro, es que no incluí en la primera edición casos de abusos en la Iglesia Católica. Esta observación me fue hecha asimismo en los meses subsecuentes a la publicación por distintas personas que leyeron el libro. Por lo mismo, se crearon algunas suspicacias pensándose que quizás el libro tenía como objetivo señalar problemas en ciertas denominaciones a expensas de omitirlos en otras. "*¿Por qué escribiste ese libro que critica tan fuerte a iglesias evangélicas? Eso desprestigia a la Iglesia*", me espetó un natural de Guatemala, molesto, frente a un grupo de personas de diferentes denominaciones. "*Conozco una señora indígena cuya hija fue violada por un líder de una pequeña iglesia pentecostal*", le respondí, "*toda la comunidad se enteró de inmediato, fue en una sierra y es pueblo chico*". Mi interlocutor había sido dirigente pentecostal por muchos años en su país, así que le dije: "*Cuando quieras, ve a predicar a ese pueblo y verás cuánta gente te cree; están totalmente cerrados al Evangelio. ¿Quién está realmente desprestigiando a las iglesias? ¿Un libro que señala problemas reales que muchas denominaciones podrían haber comenzado a corregir o los cientos de ministros que se amparan en su cargo para cometer delitos de todo tipo?*"

La realidad es que en la primera edición de *Pastores que abusan* no se trató el tema de los sacerdotes que delinquen porque uno de sus propósitos era y aún lo es, provocar una respuesta positiva de los principales líderes denominacionales y grupos independientes no católicos para revertir las tendencias autoritarias que se han ido incrementando en las últimas décadas, dañando a muchos feligreses. El autoritarismo en la Iglesia Católica nunca ha sido novedad, tampoco los abusos sexuales ni la corrupción de muchos de sus líderes. Se han escrito muchos libros al respecto. Pero en América Latina la alternativa ante el catolicismo fue en primera instancia, el protestantismo histórico, un protestantismo que, eventualmente, según el historiador Jean-Pierre Bastian, empezó a gravitar hacia el autoritarismo. En décadas recientes, esa alternativa ha venido a ser el evangelicalismo, en particular los movimientos pentecostales y neopentecostales de corte carismático.

De acuerdo a David Martín, profesor emérito de sociología de la London School of Economics y a otros especialistas, ésta sigue siendo actualmente la opción con mayor crecimiento en el ámbito hispanoamericano. Eso implica necesariamente que está acumulando poder. Asimismo, su alto índice de crecimiento necesita de ministros... y sucede que a veces los prepara "al vapor" en aras de suplir la demanda y mantener el ritmo de expansión. También es cierto que se suele anteponer el ídolo del crecimiento numérico, el cual va de la mano con la capacidad de recaudar dinero, a los principios cristianos a la hora de tomar decisiones. Por ello, es común que en iglesias y denominaciones se tienda a mantener a los líderes en su puesto a toda costa, aunque incurran en conductas inmorales o delictivas que dañan a sus feligreses. Ser la principal alternativa religiosa para millones de personas implica grandes responsabilidades éticas, sociales y espirituales. Sin embargo, mis estudios de campo en el evangelicalismo contemporáneo indican que existe una falta preocupante de autocrítica, un estado permanente de negación al tratar temas como el autoritarismo y el abuso de poder en los ministros. Ante esa realidad, consideré necesario escribir un libro que, de manera sencilla proveyese de principios básicos a los creyentes para ayudarlos a evaluar con qué tipo de líderes y organizaciones se involucran, e identificar liderazgos con características nocivas. En el proceso, claro, la intención de *Pastores que abusan* fue hacer un señalamiento público documentado para generar una discusión constructiva al interior de los diferentes grupos y denominaciones cuyas prácticas y tendencias se reflejan en el libro. ¿Se han logrado esos propósitos?

El primero, el de ayudar a prevenir los abusos religiosos a través de informar a los creyentes habilitándoles con información básica, parece estarse cumpliendo. Las cincuenta mil copias que se vendieron de la primera edición *Pastores que abusan*, tanto en librerías seculares como religiosas, es una cifra poco usual para estándares de *best-sellers* en español.[12] Esta singular recepción es evidencia de que existe un problema y de que ha habido un vacío de información al respecto. Como consecuencia de la difusión del libro, así como de varias presentaciones públicas bastante concurridas del mismo[13], he recibido cientos y cientos de cartas y llamadas telefónicas. En temporadas, más de las que me ha sido posible contestar o atender personalmente. Más del 90 por ciento de la correspondencia provienen de personas que pertenecen o pertenecían a alguna agrupación religiosa como las descritas en el libro. Casi todas solicitan ayuda u orientación. Muchos, por otro lado, simplemente narran generosamente su experiencia porque se identificaron con algún caso presentado en el libro. La mayoría de los que me han escrito son congregantes, ovejas, pero hay una cantidad importante de líderes de diverso rango y también ministros. Curiosamente, pues el libro

---

[12] Como se especificó en el caso de la primera edición, el propósito de éste libro es educativo y no tiene fines de lucro. Las regalías por concepto de derechos de autor se canalizan a proyectos de investigación y educativos para ayudar a prevenir los abusos religiosos y fomentar los derechos humanos.
[13] V. g. Una de ellas llegó a reunir mil quinientas personas en una sola tarde, pero el promedio fue de doscientos cincuenta asistentes. La cifra es inusualmente alta en presentaciones de libros.

no estaba específicamente dirigido a ellos, también han escrito buscando ayuda, católicos, y no pocos.

Junto con un equipo de colaboradores y voluntarios hemos tratado de responder a las preguntas de la mayoría. En ocasiones hemos canalizando personas a profesionales de la salud, a abogados, o autoridades, según el caso lo ha ameritado. Hemos animado asimismo a muchos feligreses a llevar sus quejas primeramente por los canales institucionales de su organización. Esto se hizo, siempre que no estuviera en peligro la seguridad personal o la integridad emocional de los afectados, en un esfuerzo por activar las burocracias internas y fomentar reformas *desde adentro*, encabezadas por los principales interesados: los miembros de dichas agrupaciones. Lamento decir que las respuestas a este esfuerzo no han sido siempre alentadoras para las ovejas y a menudo han resultado contraproducentes para ellas.

El cúmulo de datos, testimoniales y documentos de muchos de los nuevos casos que he recibido está siendo actualmente objeto de análisis por diferentes investigadores y especialistas universitarios de distintas disciplinas e instituciones.[14]

Comprensiblemente las reacciones de algunos ministros ante la primera edición de *Pastores que abusan* no han sido tan cálidas como las de muchos feligreses. En general se niega que exista el problema "en mi denominación" o se han minimizado, como se anticipaba en la introducción del libro, diciendo que son casos aislados o exageraciones. En el lado positivo, algunos seminarios y centros de preparación teológica en Centroamérica, sin embargo, han incorporado el libro *Pastores que abusan* como libro de referencia en clases como ética, consejería pastoral y eclesiología contemporánea. Ha habido también un gran número de pedidos para bibliotecas en centros educativos e iglesias de distintos países. En ferias internacionales de literatura, *Pastores que abusan*, se ubica, año tras año, como uno de los libros más

---

14 Ningún caso se canaliza a terceros sin la autorización de las personas afectadas.

solicitados por librerías cristianas desde Puerto Rico a Paraguay y de Los Angeles a Florida. ¿Ha habido cartas críticas? Por supuesto, y las agradezco, pero debo decir que son una minoría. Todas las leo y aprecio las críticas inteligentes. He notado que estas cartas casi nunca provienen de ministros o representantes de iglesias. En general cuando algunos ministros se han incomodado y decidido tratar de desacreditar el libro, el vehículo preferido ha sido el chisme y el argumento *ad hominem*, no la refutación escrita. Cabe señalar que hasta la fecha no he recibido ni una sola carta para impugnar la veracidad de los casos presentados o intentar refutar la parte teológica del libro que trata con las doctrinas autoritarias. Por el contrario, uno de los principales dirigentes de una importante denominación en que documenté un caso de fraude, difamación y amenazas contra mujeres mayas, reconoció ante un reconocido investigador social que el caso narrado era cierto y que había sido confirmado por su superintendente. Lamentablemente la organización decidió dejarlo seguir en su puesto y jamás se resarció lo defraudado a los afectados. Está por demás decir que las mujeres agraviadas no tienen un concepto muy alto de sus antiguos dirigentes.

Por razón de que un porcentaje de los lectores de Pastores que abusan, de acuerdo a cartas recibidas, ha sido de católicos que están experimentando problemas de abusos religiosos en sus parroquias, y debido a que se ha convertido en un tema de trascendencia social histórica, he decidido incluir en esta segunda edición una sección que trata los abusos por parte de sacerdotes. Para ello seleccioné dos casos representativos rigurosamente documentados. Uno de paidofilia, tema incómodo pero insoslayable hoy en día, y otro de un fraude millonario en perjuicio de una viuda. Viñetas de nuevos casos en otras agrupaciones vinculadas al cristianismo se intercalan aquí y allá para ilustrar los efectos de las doctrinas del autoritarismo como herramienta de explotación, un fenómeno que trasciende fronteras denominacionales, pero que tiene un sustrato común: la perversión de textos bíblicos específicos. Por esta razón considero que una parte sustantiva del libro seguirá siendo la que analiza el contenido teológico, esto es, las creencias religiosas específicas que se utilizan para controlar a los creyentes. Es mi opinión y la de colegas de otras disciplinas que un abuso de los paradigmas de las ciencias sociales ha provocado que se margine el análisis de contenido al tratar de explicar los fenómenos religiosos, cargando la balanza a explicar todo en términos de procesos sociales. Tales enfoques son reduccionistas.

Por más que el secularismo dogmático desee soslayar o minimizar su importancia, para la gente que toma en serio las cuestiones religiosas y espirituales, los asuntos teológicos, los dilemas éticos, y lo que sucede al interior de sus iglesias reviste una importancia particularmente especial. El mundo en que vivimos, no es sólo postmoderno en algunos países. En cierta forma es simultáneamente *postsecular*, (y en regiones aun premoderno). Esto quiere decir que los factores religiosos están presentes y activos en todo el orbe. De hecho, una observación cuidadosa mostrará que son cada vez más relevantes en todos los ámbitos de las dinámicas sociales contemporáneas. Una mirada retrospectiva al 11 de septiembre de 2002 puede bastar para recordárnoslo.[15]

El concepto de lo sagrado, las nociones de lo divino y las percepciones que de estas realidades tienen las personas, fueron estudiadas en detalle por el teólogo y filosofo de la religión alemán Rudolf Otto[16]. Sus observaciones, consignadas en su obra clásica, han servido de base para muchos antropólogos cuyo enfoque de investigación toma con seriedad como punto de

---
[15] Para un análisis sobre las motivantes religiosas del atentado a las torres gemelas de Nueva York el 11 de septiembre de 2001, véase: Jorge Erdely, *Terrorismo Religioso*, Miami, Fl.: Editorial Unilit, 2002.

[16] Rudolf Otto, *The Idea of the Holy: An Inquiry into the non-rational factor in the idea of the divine and its relation to the rational.* Second Edition, Oxford: Oxford University Press, 1958.

partida las creencias y las experiencias espirituales de los creyentes, por el valor que estas mismas tienen para estos. El contenido teológico, pues, y el acontecer al interior de la iglesia o grupo en donde se nutre la espiritualidad de una comunidad, revisten particular trascendencia para el individuo que practica una fe y tiene determinadas nociones de lo sacro.

Las creencias religiosas y las nociones de lo sagrado son muy significativas para miles de millones de creyentes en todo el mundo e inciden en su conducta de manera importante. A menudo, la sola clarificación de una doctrina basada en una distorsión del cristianismo, es suficiente para romper el hechizo de un líder explotador y que sus víctimas salgan de su esfera nociva de influencia. Creo que esto es una evidencia empírica significativa de la importancia de entender las doctrinas y su sustrato para tratar de explicar un fenómeno complejo. El siguiente ejemplo, tomado de un reporte interno de la iglesia católica sobre la prevalencia del abuso sexual a monjas y novicias por sacerdotes africanos, nos puede ayudar a ilustrar este punto. Entre los ocho factores que Marie McDonald cita como causales de este problema, enfatiza lo siguiente, refiriéndose a los sacerdotes.

"Usualmente tienen mayor educación y han recibido una formación teológica mucho más avanzada que las hermanas. Pueden utilizar falsos argumentos teológicos para justificar sus peticiones y conducta. Las hermanas son fácilmente impresionadas por estos argumentos."[17]

A continuación McDonald explica uno de ellos. En la escena un sacerdote trata de persuadir a una religiosa bajo su autoridad a tener relaciones con él:

---

[17] Sor. Marie McDonald, "The Problem of The Sexual Abuse of African Religious in Africa and Rome". *Report presented to the Council of 16*. Rome, November 1998. The Council of 16 includes delegates from high ranking Catholic bodies like the Congregation for Institutes of Consecrated Life and Societies of Apostolic Life and the Union of Superiors General.

"*Ambos nos hemos consagrado a ser célibes. Eso significa que hemos prometido no casarnos. Sin embargo, nosotros (tú y yo) podemos tener relaciones sexuales sin romper nuestros votos.*"[18]

En los casos de abusos ministeriales y eclesiales las creencias son cruciales. Sin entenderlas, es imposible tener una comprensión adecuada del fenómeno y menos aún educar para prevenir los abusos.

Como en cualquier trabajo de esta naturaleza deseo expresar mi gratitud a una gran cantidad de personas. Organizaciones civiles, profesionales de la salud, autoridades gubernamentales, comunicadores, defensores de derechos humanos, investigadores universitarios y centros de estudio sobre el tema en varios países, han contribuido en forma significativa a este libro aportando información, opiniones, críticas y retroalimentación muy valiosa. La lista se ha ampliado bastante desde la primera edición, y es tan larga que temo omitir algún nombre. Por ello prefiero dejarla en términos genéricos. En particular aprecio de manera muy especial las valientes aportaciones de aquellos cuyas historias y casos aparecen en este libro, y de otros muchos que se tomaron en cuenta para el estudio.

Otras añadiduras a esta segunda edición, además de este largo prefacio, han sido los capítulos sobre incesto espiritual, adulterio en el ministerio y relaciones sexuales entre líderes y subordinados jerárquicos, así como Iglesias en la encrucijada ¿qué tan grande es el problema? Éste último ofrece al lector una panorámica mundial e interdenominacional del tema, con cifras, casos y estadísticas, que quizás se presenten compiladas por primera vez en español.

Agradezco a Editorial MBR en México haber publicado la primera edición de este trabajo y sus muchas reimpresiones, así como a Editorial Unilit en Miami, que retomó el proyecto para lanzar esta segunda edición corregida y aumentada de

---

18 Idem. Paréntesis añadido para contextualizar la traducción.

Pastores que abusan. Con ello, el libro beneficia a una audiencia aun más amplia, en tiempos de crisis en que es indispensable tener claros los límites de la autoridad ministerial, y conocer la diferencia entre los lideres genuinos y aquellos que se escudan en su posición para explotar a las personas.

Dr. Jorge Erdely, Ph. D.
Ciudad de México, Julio de 2002

Apéndice
Ayuda para Víctimas
en Casos de Abusos

Organizaciones especializadas que brindan información, asesoría legal, atención médica y orientación gratuita a víctimas de abusos religiosos. Sitios de Internet:

Casos de fraudes, explotación económica y sexual e intolerancia religiosa por parte de ministros de cualquier religión o denominación. (Español)

Información académica, apologética, y biblioteca online sobre sectas totalitarias y manipulación espiritual. (Español e Inglés)

Testigos de Jehová afectados por abuso sexual infantil en los Estados Unidos y América Latina. (Inglés y Español)

Derechos Humanos, *Sectarismo* y Globalización Religiosa. Estudios multidisciplinarios, estadísticas, investigación, e intercambio universitario. (Español e Inglés)

Correspondencia con el autor de *Pastores que Abusan*.
Dirección electrónica: **icm@csi.com**

Cartas: Dr. Jorge Erdely G.
Apartado Postal WTC-124
C.P. 03812 México D.F., México

Bibliografía Selecta

Abanes, R. *End-Time Visions: The Road to Armageddon?* Nueva York: Four Walls Eight Windows, 1998.

Allen L. J. & Schaeffer, P. "Reportes of Abuse: Aids exacerbate exploitation of nuns", *National Catholic Reporter*, 16 de Marzo de 2001.

Anderson, Jeffrey R.; Kosnoff, Timothy D.; Eymann, Richard. *Demanda Civil de Erika Rodríguez vs la Watchtower Bible and Tracts Society of New York, Inc. y la Congregación Hispana de Testigos de Jehová en Othello, Washington.* Borrador, enero de 2002. Archivos del Centro de Investigaciones del Instituto Cristiano de México. Ciudad de México.

Associated Press. "Pagará la Diócesis Tejana 120 mdd por Ultraje: Un Sacerdote Abusó Sexualmente de Varios Monaguillos". En *El Occidental*, Guadalajara, Jalisco; 25 de julio 1997.

Bastian, Jean-Pierre. *Los disidentes: Sociedades protestantes y revolución en México, 1872-1911*, México D.F.: F.C.E. / El Colegio de México, 1989.

Bastian, Jean-Pierre. *Protestantismo y sociedad en México*. México D.F.: CUPSA, 1983.

Berry, Jason. *Lead Us not Into Temptation.* Chicago: University of Illinois Press, 2000.

Blackman, Richard Allen. *The Hazzards of the Ministry.* Disertación Doctoral sin publicar. Fuller Theological Seminary, Pasadena, California: 1984.

Blancarte Roberto. "Pastores que abusan (y fieles que se dejan)", *La Jornada*, México D.F.: 30 de enero de 1995, página 5, sección País.

Carroll, G. y Annin, P. "Children on the Cult". *Newsweek.* Mayo 17, 1993, pp. 36-38.

Carta del Ing. S. y la doctora R. al Departamento de Investigaciones sobre Abusos Religiosos. Naucalpan, Estado de México. Agosto de 1994.

Cavestany, Juan. "La Iglesia Pagará en EE UU 18.000 Millones por un Caso de Abuso Sexual: Una de las Víctimas, Antiguo Monaguillo, se suicidó en 1992", *Reforma*, México D.F.: 26 de julio 1997.

Commission for Women's Equality, *Findings of The Confidential Survey of Female Rabbis About Sexual Discrimination and Harassment.* New York: American Jewish Congress, 1993.

Cross, F. L., Livingston, E.A. *The Oxford Dictionary of the Christian Church.* Oxford: Oxford University Press, 1993.

De la Peña, J. "Trastorno por estrés postraumático en víctimas de sectas destructivas". *Revista Académica para el Estudio de las Religiones.* (T. III) México, D.F.: 2000.

Decker, Ed. y Hunt, Dave. *Los Fabricantes de Dioses.* Miami, Florida: Editorial Betania, 1987.

Deutch, Alexander. Citado en *Newsweek*; March 15, 1993; p. 43.

DIAR, "Los Abusos Religiosos en México: Reporte anual". Naucalpan, Estado de México. Archivo: mayo de 2002.

"Dos semanas de retiro por violar a la novicia". *El País.* 21 de marzo de 2001. Edición de Internet. [?anchor=elpepisoc&xref=20010321elpepisoc_2&type=Tes&date=]

Encyclopaedia Británica. 15th Edition. Vols 6-9, Chicago, 1986.

"En Nombre de la Fe". Programa *Expediente 13/22:30. Argos / TV Azteca.* Canal 13. México D.F. Televisado el 16 de mayo de 1996.

Enroth, Ronald. *Churches that Abuse.* Grand Rapids, MI: Zondervan, 1992.

Erdely, Jorge. "Sectas Destructivas: Definiciones y Metodología de Análisis". Ponencia. *Escuela Nacional de Antropología e Historia.* Ciudad de México. 25 de septiembre de 1997.

Erdely, Jorge. *Sectas Destructivas: un Análisis Científico.* México, D.F.: Publicaciones para el Estudio Científico de las Religiones, 2002. Por publicar.

Erdely, Jorge. *Suicidios Colectivos: Rituales del Nuevo Milenio.* México, D.F.: Publicaciones para el Estudio Científico de las Religiones, 2000.

Erdely, Jorge. "Suicidios Colectivos Rituales: Un Análisis Interdisciplinario". *CIENCIA ergo sum.* 7 (1); Universidad Autónoma del Estado de México: 2000.

Erdely, Jorge. *Terrorismo Religioso.* Miami, Florida: Unilit, 2002.

Escalante, Paloma. "Vergüenza, Dolor y Poder en casos de Abuso Sexual". Ensayo no publicado. México, 2002.

Expediente Penal 203/94 de la Agencia No.15 del Ministerio Publico de la Ciudad de León, Guanajuato. Averiguación Previa. Archivo: *Departamento de Investigaciones sobre Abusos Religiosos*, Naucalpan, Estado de México.

Expediente Penal *2/J. Z.V./96* de la agencia No 11 del Ministerio Público de Celaya. Guanajuato. Averiguación Previa. Archivo: *Departamento de Investigaciones sobre Abusos Religiosos*, Naucalpan, Estado de México.

Finney, Charles. *Principles of Revival*. Minneapolis: Betany House Publishers, 1987.

Fortune, Marie M. *Is nothing sacred? When Sex Invades the Pastoral Relationship*, San Francisco: Harper & Row, 1992.

Foxe, J. *Foxe's Book of Martyrs*, Springdale, PA: Whitaker House, 1984.

Galán Lola, "El Vaticano reconoce que cientos de monjas han sido violadas por misioneros", en *El País*. 21 de marzo de 2001. Edición de Internet. [=elpepisoc&type=T es& d_ date=20010321]

Gatrell, Nanette K. [et al.], *Physician-Patient Sexual Conduct: Prevalence and Problems*. En J.C. Gonsiorek, (Ed). *"Breach of Trust: Sexual Exploitation by Health Care Professionals and Clergy"*, Thousands Oaks, CA: Sage Publications, 1995.

Gelman, David. "From Prophets to Losses". *Newsweek*. 15 de marzo, 1993. p.43.

Grenz, Stanley J.; Bell, Roy D. *Betrayal of Trust: Sexual Misconduct in the Pastorate*, Downers Grove, Illinois: InterVarsity Press, 1995.

"How common is Pastoral Indiscretion?" *Leadership (9)*, Winter 1988. pp. 12-13.

Hanegraaff, Hank. *Cristianismo en Crisis*. Miami, Florida: Editorial Unilit, 1993.

Hochman, John. "Miracle, Mystery and Authority: The Triangle of Cult Indoctrination". *Psychiatric Annals*. 20 (4). Abril de 1990; pp. 179-187.

Horton, Michael. *The Agony of Deceit*, Chicago: Moody Press, 1990.

Interim Report to The Deputy Attorrey General Concerning the 1993 Confrontation at the Mt. Carmelo Complex, Waco, Texas By Special Counsel John C. Danforth (July 21, 2000) [P/O N° 2256-99].

Israel, E. *Dejadlos, son Ciegos, Guías de Ciegos*. Monterrey, México: Ediciones Hay Esperanza, 1993.

Kantrowitz B., et al., "The Messiah of Waco", *Newsweek*; marzo 15, 1993; pp. 40-42.

Keller, W. Phillip. *Predators in our Pulpits*. Eugene, Oregon: Harvest House Publishers, 1988.

La Santa Biblia, Antiguo y Nuevo Testamento. Reina-Valera 1960. Nashville, Tennessee: Broadman and Holman Publishers, 1960.

Lacayo, R. Reportaje sobre David Koresh y la secta de Waco". *Time*. Marzo 15, 1993, pp. 32-35.

Langone, M. (ed.) *Recovery from Cults*. Nueva York: Norton, 1993.

Lara Klahr M. *Días de Furia: Memorial de violencia, crimen e impunidad*. México D.F.: Plaza y Janés, 2001.

"Las sectas: una reflexión obligada", programa *Detrás de la Noticia*. Televisa Canal 2. México, D.F. Transmitido el 4 de mayo de 1997. Entrevista con Ricardo Rocha.

Lebacqz, Karen; Barton, Ronald. *Sex in the Parish*, Louisville, Kentucky: Westminster, 1991, p.129.

Lesser, M. *Jonathan Edwards*. Boston, Massachusetts: Twayne Publishers, 1988.

Lifton, Robert. *Destroying the World to Save it: Aum Shinrikyo, Apocaliptic Violence, and the New Global Terrorism*. New York: Metropolitan, 1999.

Lifton, Robert. *Thought Reform and The Psychology of Totalism: A Study of "Brainwashing" in China*. Chapel Hill: University of North Carolina Press, 1989.

McGeary, Johanna. "Can The Church be Saved?". Time,1 de abril, 2002; pp. 17-26.

Marcos, S. "La Luz del Mundo: El Abuso Sexual como Rito". *Revista Académica para el Estudio de las Religiones*. (T. III) México, D.F.: 2000.

Martín, David. *Tongues of Fire: The Explosion of Protestantism in Latin America*. Oxford: Blackwell Publishers, 1990.

Masferrer. E. "¿Es del César o es de Dios? Religión y Política en el México Contemporáneo". Disertación doctoral. Escuela Nacional de Antropología e Historia. México: 2000.

McDowell, J.; Stewart, D. *Estudio de las Sectas*. Miami, Florida: Editorial Vida,1988.

McDonald, Marie. "The Problem of The Sexual Abuse of African Religious in Africa and Rome". Reporte presentado al concilio de los16. Roma, noviembre de 1998.

Medina, Maria Elena. [et. al.], "Abusos inconfesables", Revista *Cambio*. N° 45; 21 de abril, 2002, pp. 9-20.

Mosgofian, Peter; Ohlschlager, George. *Sexual Misconduct in Counseling & Ministry* (Gary Collin, Ed.). U.S.A.: Contemporary Christian Counseling, 1995.

O'Donohe, Maura. Informe al presidente de los Institutos de Vida Consagrada y Sociedades de Vida Apostólica. Roma, 18 de febrero de 1995.

Otto, Rudolf. *The Idea of the Holy: An Inquiry into the nonrational factor in the idea of the divine and its relation to the rational.* Second Edition, Oxford: Oxford University Press, 1958.

Outler, A. *John Wesley.* New York: Oxford University Press, 1964.

"Pecados de Confesionario: La Iglesia Católica pagará en Estados Unidos 118 millones de dólares por abuso sexual. Una de las víctimas se suicidó en 1992", *Siglo 21*, Guadalajara Jalisco: 27 de julio 1997.

Procuraduría de Justicia del Estado de Puebla. Averiguación Previa No 3497/997/DRS. Causa Penal No 6/1998/1.

"Propósitos Divinos; Tentaciones Humanas". Programa *Realidades*. CNI / Canal 40. México D.F. Reportaje: Televisado el 12 de mayo de 1998.

Rodríguez, P. *La Vida Sexual del Clero.* Barcelona: Ediciones B, 1995.

Rodríguez Tovar, Juan C. "Curas abusadores: común, en la provincia de México". *Milenio.* 6 de mayo de 2002, Num. 241. p. 59.

Rutter, P. *Sex in the forbidden zone: When men in power - therapists, doctor, clergy, teachers and others - Betray Women Trust.* Los Angeles: J.P. Tarcher,1986.

Samples, K. et al. *Prophets of the Apocalypse.* Grand Rapids, MI.: Baker Books, 1994.

Seat, Jeff T. [et al.] "The Prevalence and Contributing Factors of Sexual Misconduct Among: Southern Baptist Pastors in Six Southern States". *The Journal of Pastoral Care.* Winter 1993, pp. 363-370.

"Sex, Power and Priesthood", *The Tablet: The International Catholic Weekly*, London, U.K.: 24 de Marzo, 2001. p. 432.

"Sexual Harassment in the United Methodist Church". *Office of Research of the General Council of Ministers.* The United Methodist Church, 1990.

Shaeffer, Francis. *A Christian Manifesto.* Westchester, Illinois: Crossway Books, 1981.

Sherman, Gail. "Behind closed doors: therapist-client sex". *Psychology Today.* Mayo de 1993, pp. 64-81.

Sipe, Richard en "Hundred of Priest Removed Since '60s". *The Washington Post.* June 9, 2002; p.1, section A.

"Sobre la violencia sexual contra las mujeres y en particular contra religiosas católicas". *Resolución del Parlamento Europeo.* Estrasburgo, 5 de abril de 2001.

Southwick, S. *et al.* "Psychobiologic Research in Post-Traumatic Stress Disorder". *Psychiatr Clin North Am.* 17 (2), 1994.

The New Greek-English Interlinear New Testament. Wheaton, Illinois: Tyndale, 1990.

The Tablet: The International Catholic Weekly, London, U.K.: 24 de Marzo, 2001. p. 403.

Tucker, R. *Hasta lo último de la tierra.* Miami: Editorial Vida, 1988.

United Church of Christ Coordinating Center for Women Study, 1986.

Vera, Rodrigo. "El manto sagrado cobija a los abusadores" *Proceso,* México, 21 de abril del 2002, núm. 1329. pp.19-20.

Walter M. "Witness Lee and the local Church". Christian Research Institute. Cassette. San Juan Capistrano, CA. S/F.

William H. Bowen. Comunicación personal. 15 de junio de 2002.

Wolf, Notke en "Reports of Abuse: Aids exacerbate exploitation of nuns" entrevistado por el *National Catholic Reporter.* John L. Allen, Pamela Schaeffer. March 16, 2001.

Zoll, Rachel. "At least 300 Church Abuse Suites filed". Associated Press, 8 de junio, 2002.

Acerca del Autor

El Dr. Jorge Erdely es licenciado en Ciencias Biológicas egresado de la Universidad de M.H.-Baylor, Texas. Doctor en Filosofía (Ph.D.) con especialidad en idiomas semíticos, realizó su posdoctorado en teología en la Universidad de Oxford, Inglaterra.

Entre otras, es miembro de la American Academy of Religion y de la Asociación Latinoamericana para el Estudio de las Religiones (ALER) El Dr. Erdely es un reconocido experto en el tema de los derechos humanos, religiones, y sectarismo.

Sus investigaciones han sido publicadas en distintas revistas científicas nacionales e internacionales. Es autor y editor de más de doce libros especializados en el tema, entre los que destacan *Terrorismo Religioso,* un análisis sobre los atentados del 11 de septiembre en Nueva York, *Suicidios Colectivos: Rituales del Nuevo Milenio, y Sectas Destructivas: un análisis científico.*

Su vasta experiencia en la temática incluye una década de estudios de campo realizados en Latinoamérica, Medio Oriente, Europa y los Estados Unidos. Ha sido entrevistado por reconocidos medios de comunicación internacionales y nacionales como la *BBC de Londres* y *Radio Red, Telemundo, Televisa, Univisión,* periódicos como *The Miami Herald, La Jornada, El Universal, Reforma,* los diarios británicos *The Guardian* y *The Times,* y la Revista *Proceso.*

Roca